AF391504

GÉOGRAPHIE

DE L'ASIE, DE L'AFRIQUE
ET DE L'OCÉANIE

COURS DE GÉOGRAPHIE
PAR M. L'ABBÉ DUPONT

COURS SUPÉRIEUR

Notions de Géographie générale. — Géographie physique, ethnographique, politique et économique du Continent Américain (classe de quatrième), 3ᵉ édit.   3 »

Géographie physique, ethnographique, politique et économique de l'Asie, de l'Afrique et de l'Océanie, (classe de troisième), 3ᵉ édition 2 50

Géographie physique, historique, ethnographique, politique et économique de l'Europe (classe de seconde), 2ᵉ édition. 3 50

Géographie physique, historique, ethnographique, politique et économique de la France et des colonies françaises (classe de rhétorique). 2ᵉ édition. . . . 3 75

Éditions contenant des cartes de détail dans le texte et des cartes en couleur hors texte.

COURS MOYEN

Les cinq parties du monde et la France. Texte et cartes. In-4º (classes de sixième et de cinquième). 4 75

COURS ÉLÉMENTAIRE

Géographie élémentaire des cinq parties du monde et de la France, avec un précis de **Géographie sacrée.** Texte et cartes, in-4º (classes de huitième et de septième et écoles primaires).

Précis de Géographie ancienne (*classes de sixième et de cinquième*). In-18 raisin, avec 4 cartes de détail dans le texte et une carte en couleur hors texte . . . . » 75

ALLIANCE DES MAISONS D'ÉDUCATION CHRÉTIENNE

COURS DE GÉOGRAPHIE
RÉDIGÉ CONFORMÉMENT AU PROGRAMME DE 1890

GÉOGRAPHIE

PHYSIQUE, HISTORIQUE, ETHNOGRAPHIQUE, POLITIQUE ET ÉCONOMIQUE

DE L'ASIE, DE L'AFRIQUE ET DE L'OCÉANIE

PAR

M. L'ABBÉ J. DUPONT

LICENCIÉ ÈS LETTRES
ANCIEN SUPÉRIEUR DE L'ÉCOLE SAINT-FRANÇOIS-DE-SALES, A ALENÇON

COURS SUPÉRIEUR
CLASSE DE TROISIÈME

TROISIÈME ÉDITION
Revue et mise à jour.

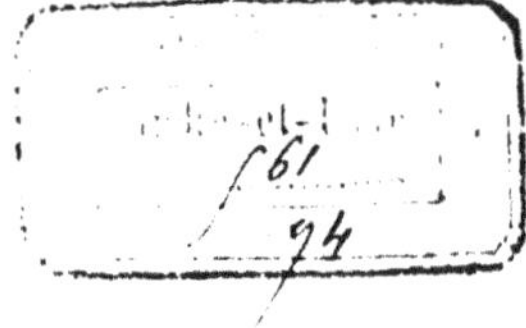

PARIS

LIBRAIRIE CH. POUSSIELGUE

RUE CASSETTE, 15

1895

ASIE

GÉOGRAPHIE PHYSIQUE

---

§ I. LIMITES ET ÉTENDUE. — CARACTÈRES GÉNÉRAUX

1. Limites et étendue. — Les bornes de l'Asie sont : au nord, *l'océan Glacial arctique;* à l'est, *l'océan Pacifique;* au sud, *l'océan Indien;* à l'ouest, la *mer Rouge,* la *mer Méditerranée,* l'*Archipel,* la *mer de Marmara,* la *mer Noire,* la *dépression du Manytch* ou isthme ponto-caspien, la *mer Caspienne,* le *fleuve Oural* et la chaîne des *monts Ourals.* — Au nord-est, l'Asie n'est séparée de l'Amérique que par le **détroit de Béring,** dont la largeur ne dépasse guère 15 à 16 lieues dans sa partie la plus étroite. A l'extrémité opposée, elle se soude à l'Afrique par l'**isthme de Suez.** Quant à l'Europe, elle ne se présente sur une mappemonde que comme une simple péninsule asiatique. A ce point de vue, l'Asie serait donc la partie véritablement centrale des terres, puisqu'elle est unie à l'Europe et à l'Afrique, et qu'elle donne la main au nouveau monde. Elle est d'ailleurs voisine de l'Australie, à laquelle la rattachent les îles Malaises.

L'Asie est de beaucoup la plus considérable des cinq parties du monde : son **étendue** égale 42 millions de kilomètres carrés, soit plus de quatre fois celle de l'Europe.

1

2. Caractères généraux. — Mais cet avantage est acheté au prix de graves inconvénients. L'Asie contraste avec l'Europe par ses *formes lourdes* et *massives ;* elle est moins découpée de ces golfes et mers intérieures qui donnent tant de vie à celle-ci. Il en résulte encore que la majeure partie des terres, se trouvant éloignées de la mer, sont soumises aux extrêmes de chaleur et de froid que présentent les climats continentaux. De plus, les hauts plateaux du centre sont balayés par des vents arides et desséchés, qui n'y répandent qu'une quantité de pluie tout à fait insuffisante. — Un autre grand désavantage du continent asiatique est le *manque d'unité.* Le plateau central, aussi élevé que la chaîne des Alpes (4 000 m.) et d'accès difficile, forme un bassin fermé dont les eaux courantes se perdent dans des lagunes et lacs salés ; d'ailleurs, les vallées des grands fleuves de l'Asie, qui prennent naissance sur les bords du plateau, n'offrent nulle part entre elles ces voies naturelles de communication que présentent, en Europe, les vallées du Danube, du Rhin, du Rhône et du Pô ; la plupart, au contraire, sont séparées par de vastes déserts, ou par des régions montueuses et impraticables. — L'isolement forcé que cette configuration du sol a imposé aux peuples limitrophes a été cause que les antiques civilisations de l'Asie se sont développées, indépendamment les unes des autres, en trois groupes complètement distincts : le groupe chinois, le groupe hindou et le groupe occidental (Assyrie, Perse).

§. II. — MERS ET LITTORAL

3. L'océan Glacial arctique, qui baigne le nord de l'Asie, est couvert de glaces durant huit à dix mois. On y remarque le *cap Tchéliouskine,* qui est le point le plus septentrional de l'ancien continent, et l'*archipel de la nouvelle Sibérie,* dont le sol glacé renferme des amas de débris d'animaux antédiluviens. L'océan Glacial reçoit les trois grands fleuves sibériens : l'*Obi,* l'*Iénisséi* et la *Léna ;*

l'Obi s'élargit à son embouchure en un estuaire très allongé, qui fourmille de gros et excellents poissons.

4. — Depuis le *cap Oriental,* sur le *détroit de Béring,* jusqu'au *cap Romania,* à l'entrée du *détroit de Malacca,* la côte de l'Asie, baignée par l'**océan Pacifique,** est bordée, au large, d'un long chapelet d'îles (*Kouriles, archipel Japonais,* îles *Liéou-Kiéou, Formose, Philippines, Bornéo, Sumatra*). — Plusieurs **mers** distinctes sont enfermées entre ces îles et le continent : la **mer de Béring,** nettement limitée par les îles Aléoutiennes (Amérique) et par la *presqu'île de Kamtchatka,* forme sur la côte asiatique le *golfe d'Anadyr,* où se jette le fleuve de même nom. — La **mer d'Okhotsk,** fermée à l'est par la chaîne des Kouriles, qui semblent le prolongement de la pointe méridionale du Kamtchatka (*cap Lopatka*), reçoit l'*Amour* ou *Sakhalin* (Saghalien); ce fleuve se jette dans un détroit resserré entre la côte et l'*île Sakhalin* (Saghalien). — La **mer du Japon,** bornée par le groupe des îles japonaises et la *presqu'île de Corée,* communique avec la mer d'Okhotsk par le *détroit de Lapeyrouse,* et avec la mer Jaune par le *détroit de Corée,* à l'entrée duquel se dresse l'*île Quelpaert.* — La **mer Jaune,** entre la Corée et la Chine, pénètre au loin dans les terres et forme le *golfe de Pé-tché-li,* qui recevait naguère le *Hoang-ho.* — La **mer Orientale,** entre les îles Liéou-Kiéou, l'île Formose et la Chine, reçoit le *Hoang-ho* et le *Yang-tsé-Kiang.* — Enfin la **mer de Chine,** dont les eaux sont souvent bouleversées par d'horribles typhons, s'étend à l'ouest des îles Philippines et de la grande île de Bornéo ; elle forme deux grands golfes : le *golfe du Tonkin,* borné à l'est par l'*île de Haïnan* et le *golfe de Siam,* dans lequel se jette le *Meïnam ;* entre ces deux golfes s'étend une presqu'île massive que parcourt le *Mékong* ou fleuve du Cambodge.

5. — L'Asie méridionale allonge dans l'**océan Indien** les trois grandes **presqu'îles** de l'*Indo-Chine,* du *Dekkan* et de l'*Arabie,* entre lesquelles s'enfoncent deux vastes **golfes.** Le **golfe du Bengale,** entre l'Indo-Chine et le

Dekkan, n'est séparé du golfe de Siam que par l'étroite *presqu'île de Malacca*, terminée au sud-est par le *cap Romania ;* le *détroit de Malacca* le fait communiquer avec la mer de Chine; il renferme les *îles Nicobar, Andaman*, et la belle île de *Ceylan*, que le *détroit de Palk* sépare du Dekkan. Il reçoit un grand nombre de puissants cours d'eau : le *Salouen* et l'*Iraouaddi*, qui se jettent dans le petit *golfe de Martaban*, le *Brahmapoutra*, le *Gange*, le *Godavéry*, la *Kistna*, etc. — La presqu'île du Dekkan se termine par le *cap Comorin ;* au sud-ouest s'allongent les archipels coralloïdes des *Maldives* et des *Laquedives*, dont les îles, peu élevées au-dessus des flots et très nombreuses (plusieurs milliers), sont groupées en atolls circulaires ou elliptiques. (*Géographie générale*, n° 73.)

La **mer** ou **golfe d'Oman** s'étend entre le Dekkan et l'Arabie ; elle forme sur les côtes de l'Hindoustan les

Bab-el-Mandeb.

deux baies de *Cambaye* et de *Catch*, entre lesquelles est comprise la *presqu'île de Goudjérat*. La mer d'Oman reçoit le *Sindh* ou *Indus ;* elle communique par le *détroit d'Ormuz* avec le *golfe Persique*, dans lequel viennent se jeter le *Tigre* et l'*Euphrate*, réunis sous le nom de *Chatt-el-Arab*, et avec la mer Rouge par le détroit de *Bab-el-Mandeb* (la porte des larmes). — La **mer Rouge**, resserrée entre les déserts de l'Afrique et ceux de l'Arabie, qui ne lui envoient aucun cours d'eau, exposée de plus à une chaleur intense, qui détermine une évaporation considérable, est la plus salée de toutes les mers. Le *canal* que le **génie** de M. de Lesseps a creusé à travers l'*isthme de*

Suez la met en communication avec la Méditerranée, ouvrant par là au commerce du monde la route directe de l'Europe aux Indes.

6. — La **mer Méditerranée** ne baigne qu'une très petite partie des côtes occidentales de l'Asie ; deux détroits très resserrés, le *détroit des Dardanelles* et le *Bosphore* ou canal de Constantinople, entre lesquels s'étend la petite *mer de Marmara*, la mettent en communication avec la **mer Noire**. La *presqu'île de l'Anatolie* ou Asie Mineure, comprise entre la mer Noire et la Méditerranée, semble donner la main à l'Europe par-dessus ces deux détroits. D'ailleurs, un grand nombre d'îles, *Chypre*, *Rhodes*, les *Sporades*, *Chio*, *Lesbos*, etc., ses dépendances naturelles, s'avancent au-devant des rivages de la Grèce ; aussi la partie de la Méditerranée qui sert de trait d'union entre ces deux contrées était-elle, pour les Grecs de l'Hellade et de l'Ionie, la reine des mers (*Archipelagos*), l'*Archipel*.

§ III. — RELIEF DU SOL

7. Vue d'ensemble. — Des cinq parties du monde, c'est l'Asie qui renferme les plus élevées, les plus puissantes chaînes de montagnes, les sommets les plus sublimes. Néanmoins, comme elle présente aussi d'immenses régions plates, on calcule que sa hauteur moyenne est inférieure de plus de 150 mètres à celle de l'Afrique, tout en étant supérieure de 200 mètres à celle de l'Europe. D'après des évaluations sérieuses, la surface de l'Asie, supposée aplanie et nivelée, s'élèverait de 500 mètres au-dessus du niveau de la mer.

Les principales chaînes de **montagnes** et les plateaux de l'Asie sont : l'*Himalaya*, le *Karakoroum*, le *Kouen-Loun*, l'*Hindou-Kouch*, le *Pamir*, les *monts Célestes* ou *Thian-Chan*, et l'*Altaï*, dont les uns forment la ceinture du **grand plateau central**, tandis que les autres (Karakoroum et Kouen-Loun) le traversent de l'ouest à l'est; les *Ghâtes* et les monts *Vindhya,* autour du *plateau du Dekkan;* l'*Elbourz ,* au nord du *plateau de l'Iran;* le *Caucase;* les *plateaux montueux d'Arménie, d'Asie Mineure* et d'*Arabie.*

7 *bis*. Himalaya. — L'Himalaya, dont le nom signifie demeure des neiges, se dresse en un grand arc de cercle au-dessus des plaines de l'Hindoustan; il n'a pas moins de 600 lieues de long, depuis le fleuve Indus, à l'ouest, jusqu'aux sources de l'Iraouaddi, à l'est. Ses pieds, du côté du sud, plongent dans une région marécageuse et malsaine, appelée *Teraï.* Sur son flanc méridional s'étagent tous les climats et toutes les productions. Les premières assises sont recouvertes de bambous, de palmiers et autres plantes tropicales. Plus haut, jusque vers 3 000 mètres, on trouve celles de la zone tempérée. Des vallées salubres et fertiles, quelques-unes charmantes (*vallée de Kachemire*), se cachent dans les plis de la chaîne. Au-dessus de 4 000 mètres, toute verdure disparaît, et vers 5 300 mètres commencent les glaciers, auxquels l'Himalaya doit son nom. Il renferme une soixantaine de sommets dont l'altitude dépasse 6 000 mètres; un certain nombre s'élèvent à plus de 8 000, comme le **Gaourisankar** (8 840 m.) ou mont *Everest,* la plus haute cime du globe; le *Dapsang* (8 620 m.) et les deux *Kantchindjinga* (8 477 et 8 581 m.), qui l'égalent presque en hauteur. La puissante chaîne, ayant une largeur moyenne de 50 à 60 lieues, occupe une surface notablement supérieure à celle de la France entière.

8. Karakoroum. — Kouen-Loun. — Hindou-Kouch. — Le *Karakoroum,* qui se dresse au nord-ouest de l'Himalaya, ne paraît pas lui céder en élévation, mais il est encore peu connu. — Il en est de même du *Kouen-Loun,* la maîtresse chaîne de montagnes de l'Asie; elle s'étend sur une longueur de 3 825 kilomètres, d'abord à travers le plateau central, où son altitude moyenne paraît être de 6 000 mètres, puis se continue à travers la Chine jusqu'aux rivages du Pacifique.

L'*Hindou-Kouch* (5.000 à 6 000 m.), auquel se rattachent les monts *Soliman*, projette son énorme massif triangulaire à l'angle sud-ouest du grand plateau entre les plaines de l'Amou-Daria et celles de l'Indus; à l'est, il se soude avec le Karakoroum et le Kouen-Loun. Les cols qui livrent passage des plaines du nord à celles du midi sont tous assez élevés (plus de 4000 mètres), d'accès difficile et impraticables une bonne partie de l'année. Le plus important est le *col de Bamian*, par lequel ont passé de nombreuses migrations de peuples. Russes et Anglais surveillent de loin ce point stratégique, d'une importance capitale.

9. Pamir. — Monts Célestes. — Altaï. — Plateau central. — Le **Pamir,** dans lequel l'imagination des Arabes, qui s'exagéraient sa hauteur, voyait le *toit du monde*, est un large dos de pays de 4000 à 5500 mètres d'altitude, incliné à l'est vers les déserts et les steppes de la Kachgarie, à l'ouest vers les vallées et les plaines du Turkestan. C'est le nœud principal de tout le système orographique de l'Asie; les chaînes de montagnes que nous venons de décrire, l'Himalaya, le Karakoroum, le Kouen-Loun, l'Hindou-Kouch enfoncent leurs pieds dans ses flancs; il en est de même des monts Célestes ou Thian-Chan. Deux grandes *voies naturelles* viennent se croiser au nœud de Pamir: l'une relie les deux hauts plateaux de l'Iran et de la Kachgarie; l'autre établit une communication entre les fertiles vallées de l'Amou-Daria et les plaines fécondes de l'Indus et du Gange. Voilà ce qui donne au Pamir une importance exceptionnelle.

Les *monts Célestes* ou *Thian-Chan,* encore assez mal connus, se détachent de la partie septentrionale du Pamir pour courir de l'ouest à l'est; ils étendent sur une longueur de 600 à 700 lieues leurs crêtes dentelées et étincelantes de neiges éternelles. Entre les monts Célestes et l'Altaï s'ouvre une large dépression marécageuse connue sous le nom de *porte Mongole;* c'est par là que le farouche Gengis-khan conduisit les hordes rapaces qu'il lança sur l'Asie occidentale et sur l'Europe.

Au delà de la porte Mongole commence l'*Altaï* ou Montagne d'Or, célèbre par ses mines; il se compose d'une série de plateaux réunis en massifs ou disposés en chaînes, couverts en partie de marécages et parsemés de blocs de granit. Il est beaucoup moins élevé que les chaînes précédemment décrites, et aucun de ses sommets n'atteint 3500 mètres.

Entre l'Altaï et l'Himalaya s'étend une immense région de hautes terres qui a reçu le nom de **grand plateau central**. La partie la plus élevée, comprise entre les deux chaînes de l'Himalaya et du Kouen-Loun, forme le *plateau du Thibet*, dont l'altitude est de 4000 à 5,000 mètres. — Le *plateau central proprement dit*, entre le Kouen-Loun et l'Altaï, est beaucoup moins élevé; certaines parties de sa surface ont encore 1 500 mètres; mais il en est d'autres qui ne s'élèvent pas à plus de 500.

10. Montagnes et plateaux des trois péninsules méridionales et de l'Iran. — Les trois grandes péninsules méridionales de l'Asie sont à ranger parmi les hautes terres. **L'Indo-Chine** est parcourue du nord au sud par trois chaînes parallèles ou faiblement divergentes, qui descendent du plateau du Thibet. — Le plateau triangulaire du **Dekkan**, au contraire, est parfaitement isolé, au sud des plaines de l'Indus et du Gange. Les montagnes qui le bordent, *monts Vindhya* au nord, *Ghâtes* (*escaliers*) à l'est ou à l'ouest, n'ont qu'une médiocre élévation; dans les Ghâtes occidentales quelques sommets dépassent 1 500 mètres, mais les Ghâtes orientales atteignent à peine 500 mètres, de sorte que, dans son ensemble, le plateau est fortement incliné vers l'est. — Il en est de même de l'**Arabie**; les montagnes assez élevées (1 500 à 2 000 mètres) qui bordent la presqu'île le long de la mer Rouge s'abaissent graduellement vers les déserts du centre. On trouve pourtant à l'extrémité orientale, dans le *Djebel Akdar,* des sommets de 2 000 mètres.

De l'autre côté de la mer d'Oman et du golfe Persique s'élèvent, près du rivage, les premières assises des montagnes qui forment le rebord méridional du **plateau de l'Iran**. Cette haute terre occupe tout l'espace compris entre la plaine de l'Indus et l'Hindou-Kouch à l'est, les plaines du Turkestan et la Caspienne au nord, et la plaine du Tigre à l'ouest. Elle se rattache donc au plateau central d'un côté, et de l'autre aux plateaux d'Arménie. L'altitude moyenne du plateau de l'Iran est de 1 000 à 1 500 mètres; mais il est bordé de montagnes plus élevées. Les principales chaînes sont : au nord, les monts *Elbourz* (pic volcanique de Demavend, 5 620 m.), qui longent le rivage méridional de la Caspienne; à l'est et au sud-est, la large chaîne des *monts du Kourdistan et du Farsistan.*

11. Caucase. — Hautes terres de l'Arménie et l'Asie Mineure. — La puissante chaîne du **Caucase** s'étend de la mer Noire à la Caspienne, sur une longueur de 1 200 kilomètres et une largeur moyenne de 150 à 200 kilomètres. Elle profile une demi-douzaine de sommets à plus de 5 000 mètres d'altitude (Elbrouz, 5 662 m.; Kazbeck, 5 045 m.) et ne présente d'autres passages que le sombre défilé de Darial, au pied du Kazbeck, et celui d'Ingus, au pied de l'Elbrouz, tous deux franchis par des routes difficiles d'accès.

Le *massif des monts d'Arménie* est séparé du Caucase par la vallée du Kour et coupé en deux par celle de l'Aras (Araxe). Il se compose de plateaux de 1 500 à 2 000 mètres d'altitude, hérissés de montagnes beaucoup plus élevées (Grand Ararat, 5 160 m.). — *L'Asie Mineure* présente également une série de plateaux moins élevés que ceux d'Arménie (900 à 1 200 m.), bordés au sud, sur la côte méditerranéenne, par la chaîne du *Taurus,* dont plusieurs sommets dépassent 3 000 mètres. De l'extrémité orientale du Taurus se détache une suite de hauteurs côtières qui courent vers le sud jusqu'au mont *Sinaï;* la double chaîne du *Liban* en forme la partie principale.

12. Plaines. — Les grandes plaines de l'Asie : *Sibérie, Turkestan, Mésopotamie, Syrie,* plaines de l'*Hindoustan,* et de la *Chine* seront décrites plus loin (n°s 16, 18, 20 et 21).

§ IV. — FLEUVES ET LACS

13. Versants du nord et de l'est. — A l'exception du Gange, du Tigre et de l'Euphrate, tous les grands fleuves de l'Asie prennent naissance à l'intérieur du grand plateau central, dans les chaînes de montagnes qui en forment la ceinture. Ils se groupent en *trois grands versants*, inclinés vers l'océan Glacial, le Pacifique et l'océan Indien, ou bien coulent dans des *bassins intérieurs*. Les grands fleuves des versants de l'est et du sud vont généralement par couples, Hoang-ho et Yang-tsé, Brahmapoutra et Gange, Indus et Sutledje, Tigre et Euphrate; les jumeaux prennent naissance dans la même région, s'écartent l'un de l'autre dans leur cours moyen et se rapprochent dans leur cours inférieur au point de confondre leurs eaux dans une même embouchure. Les plateaux situés à l'ouest du grand plateau central n'envoient à la mer que des cours d'eau sans importance. L'Arabie en est même à peu près complètement dépourvue.

Le **versant du nord** envoie à l'océan Glacial les trois grands fleuves sibériens, l'*Obi*, l'*Iénisséi* et la *Léna*. Comme ces fleuves ne traversent que des pays en majeure partie stériles et inhabités, et que d'ailleurs ils sont gelés une grande partie de l'année, leur importance économique est peu considérable; on espère pourtant utiliser l'Obi moyen et supérieur, ainsi que l'Irtych, comme voies commerciales. — L'**Obi** reçoit sur sa rive gauche l'*Irtych*, qui passe à Tobolsk. — L'**Iénisséi** est grossi, sur la rive droite, de l'*Angara*, qui lui apporte les eaux du **lac Baïkal**, immense nappe d'eau de 600 kilomètres de long sur 100 de large. On y trouve des abîmes de plus de 1000 mètres. La *Sélenga*, qui descend des steppes mongols et se jette dans le lac, forme la branche maîtresse de l'Iénisséi.

Les fleuves principaux du **versant oriental** sont l'*Amour*, le *Hoang-ho*[1], le *Yang-tsé-kiang*, le *Si-kiang*

---

[1] Des mots chinois et mongols *pé*, nord; *nan*, sud; *tong*, est; *si*, ouest;

et le *Mékong*. — **L'Amour**, navigable en été, est pris de glaces durant l'hiver, qui est long et rigoureux dans la région qu'il traverse. — Les trois fleuves chinois, le Hoang-ho ou *fleuve Jaune*, le Yang-tsé-kiang ou *fleuve Bleu* et le Si-kiang ou *Tigre chinois* arrosent des campagnes très fertiles et très populeuses. — Le **Hoang-ho** est un fleuve extrèmement capricieux; il a changé dix fois de lit dans son cours inférieur depuis l'époque historique. Avant 1851, il coulait au sud des monts du Chan-toung, qui séparent le golfe du Pé-tché-li de la mer Jaune, et confondait presque ses embouchures avec celles du Yang-tsé-kiang; les digues s'étant rompues, il reprit son ancien lit pour aller déboucher dans le golfe du Pé-tché-li; à la suite d'une nouvelle rupture, qui s'est produite en 1887, il a noyé de nouveau les campagnes basses de sa rive droite et semble vouloir rejoindre les bouches du Yang-tsé-kiang. — Le **Yang-tsé-kiang** a sa source à peu de distance de celle du Hoang-ho, sur le plateau central; ce fleuve, navigable à sa sortie des montagnes du Thibet, est la grande voie commerciale de la Chine; il est sillonné dans tout son cours d'une multitude innombrable de barques chinoises (jonques), et dans sa partie inférieure par de nombreux vapeurs européens et américains. — Quant au **Mékong**, issu également du plateau central, il offrirait aussi une magnifique voie d'accès vers les provinces occidentales de la Chine, si le lit n'en était pas coupé par de dangereux rapides. Le principal fleuve du Tonkin, le *Song-Coï* ou fleuve Rouge, paraît mieux approprié à cet usage.

14. Versants du sud et de l'ouest. — Le **versant méridional** est le plus riche en cours d'eau : le *Meinam* coule au centre de l'Indo-Chine; le *Salouen* et l'*Iraouaddi* en baignent la partie occidentale; ce dernier est navigable sur plus de 200 lieues, jusqu'à Bhamo. — Le **Brahmapoutra** et le **Gange**, nés tous deux dans le même massif de l'Himalaya, le premier au nord, le second au sud de la

---

chan et *ling*, montagne; *ho* et *kiang*, fleuve; *king*, cour ou capitale, on a formé *Péking*, cour du nord; *Nanking, Hoang-ho, Yang-tsé-kiang, Si-kiang, Tong-king, Péling, Nan-ling*.

chaîne, viennent, après bien des détours, mêler leurs eaux dans un delta commun dont les marécages pestilentiels s'accroissent sans cesse de l'énorme quantité de vase que les deux fleuves y apportent. Les deux principaux affluents du Gange sont la *Djumna*, sur la rive droite, et la *Gogra*, sur la rive gauche. — Le *Godavéry* et la *Kistna* coulent sur le versant oriental du Dekkan. — L'**Indus** ou **Sindh**, grossi de la *Sutledje*, baigne l'Inde occidentale, et un de ses affluents, le *Caboul*, lui apporte les eaux d'une partie de l'Afghanistan. Les deux maîtresses branches de ce fleuve prennent naissance au nord de l'Himalaya, non loin l'une de l'autre, et tout près des sources du Brahmapoutra. — Le **Tigre** et l'**Euphrate** ont leurs sources dans les monts d'Arménie; après avoir fertilisé les riches campagnes de la Mésopotamie, ils se réunissent en un seul cours d'eau, le **Chatt-el-Arab**, qui débouche dans le golfe Persique.

L'Asie Mineure n'a que des fleuves de peu d'importance : le *Menderes* (ancien Méandre) et le *Gedis-Tchaï* (ancien Hermus), qui se jettent dans la Méditerranée; enfin le *Sakari* (Sangarius) et le *Kyzyl-Irmak* (Halys), le plus considérable de tous, qui se jettent dans la mer Noire.

15. Bassins intérieurs. — L'Asie renferme un grand nombre de bassins intérieurs, dont les eaux courantes ne se déversent point dans l'Océan; tantôt les rivières sont absorbées par les sables des déserts; tantôt elles s'étalent en marécages, dont les limites incertaines s'étendent ou se resserrent suivant l'abondance ou la rareté des pluies; plusieurs se jettent dans des lacs salés. — Parmi ces bassins intérieurs il faut citer : 1º le **désert de Gobi et les steppes occidentaux de la Mongolie**, où l'on croit reconnaître le fond desséché d'une ancienne mer; 2º le **bassin du lac Balkach**, arrosé par le fleuve *Ili;* 3º le **bassin de la mer d'Aral**, que baignent deux fleuves considérables, le *Syr-Daria* (Yaxarte) et l'*Amou-Daria* (Oxus); 4º le **bassin de la Caspienne**, dans laquelle se déversent l'*Oural*, limite entre l'Asie et l'Europe, et le *Kour*, grossi de l'*Araxe;* 5º le **bassin du lac Hamoun**, sur le plateau de l'Iran, arrosé par le fleuve Helmend; 6° les **bassins des lacs d'Ourmia et de Van**, dans le massif des monts du Kourdistan et de l'Arménie; 7° le **bassin de la mer Morte**; le *Jourdain*, qui apporte à ce lac les eaux du mont Hermon, coule dans une vallée très profonde; en entrant dans le *lac de Tibériade* ou mer de Galilée, il est déjà à 208 mètres au-dessous du niveau de la Méditerranée, qui est de 395 mètres plus élevé que celui de la mer Morte.

§ V. — RÉGIONS NATURELLES

16. Division. — Sibérie et Turkestan. — On peut diviser l'Asie en six grandes **régions** naturelles : les *plaines de la Sibérie et du Turkestan*, — le *plateau central*, — la *région orientale* (Chine et Japon), — l'*Indo-Chine*, — l'*Inde*, — l'*Asie occidentale*.

La **Sibérie** est une grande plaine qui dépasse en étendue la superficie de l'Europe; on n'y trouve de hauteurs que dans la partie orientale (monts Stanovoï, Yablonoï, etc.), et au sud, où viennent expirer les derniers contreforts de l'Altaï. — Penchée tout entière vers le nord, la Sibérie a un *climat* rigoureux et excessif, des hivers longs et froids, brusquement suivis par des chaleurs torrides; ni printemps ni automne. — Elle se subdivise en **trois zones :** au sud-ouest s'étendent de vastes *steppes* propres à l'élevage du bétail. — La zone centrale est couverte de chétives *forêts*, aux arbres rabougris et clairsemés, qui se font de plus en plus malingres à mesure qu'on s'avance vers le nord. — Dans la zone littorale, le sol marécageux et toujours glacés des *toundras* est d'une stérilité complète; mais il renferme dans ses entrailles de grands amas de bois flotté, de l'ivoire et même des cadavres entiers de mammouths et d'autres animaux antédiluviens, dans un état parfait de conservation. — En somme, malgré sa mauvaise réputation, la Sibérie renferme d'immenses espaces susceptibles de culture, des Terres Noires aussi riches que celles de la Russie, des mines de toute sorte, dans le voisinage desquelles se bâtiront sans doute, et peut-être dans un avenir prochain, de grandes cités industrielles.

La plaine du **Turkestan** [1] ou **Touran**, située au sud-ouest de la Sibérie, entre la Caspienne et le Pamir, renferme quelques *steppes* où vivent les nomades, deux ou trois grandes *vallées* bien arrosées et d'une merveilleuse fécondité ; mais la majeure partie ne se compose que de *déserts* affreux (Kara-Koum, Kyzil-Koum, Kharism), qui ne cessent de s'agrandir aux dépens des oasis. Le ciel y est avare de pluies ; les vents glacés du nord et les souffles brûlants du midi, qui en balayent alternativement la surface, n'y versent que des ondées insuffisantes ; aussi le sol se dessèche d'une manière continue ; la mer d'Aral et le Balkach, qui en reçoivent les eaux courantes, ont diminué d'étendue ; et plusieurs rivières, qui allaient autrefois grossir l'Amou-Daria et le Syr-Daria, se perdent aujourd'hui dans les sables.

17. Plateau central. — Le grand plateau central, dont l'étendue dépasse celle de l'Europe, est encore plus aride et plus desséché que le Touran. Les vents, qui y soufflent souvent en épouvantables tempêtes, y déplacent les sables, mais n'y apportent point d'eau ; à peine y tombe-t-il un peu de neige, sauf sur les montagnes. Froid excessif en hiver, chaleurs accablantes en été, sécheresse en toute saison : voilà le *climat* du plateau central. S'il présente quelques régions fertiles, comme, par exemple, la ravissante vallée de l'Ili, dans la *Dzoungarie,* c'est dans les montagnes, où la pluie est moins rare et les vents moins violents. Partout le bois fait défaut, et le seul combustible est la fiente desséchée des animaux. Les maigres cours d'eau qui se rencontrent de loin en loin sont bus par le sable, ou bien s'étalent en flaques, en marais, en lacs salés, aux rives indécises ; aucun ne gagne la mer. — Le plateau central se divise en plusieurs **régions secondaires** : le *Thibet,* entre l'Himalaya et le Kouen-Loun, assez riche en pâturages, mais dépourvu de cultures ; —

---

[1] La terminaison *stan* signifie pays : *Turkestan,* pays des Turks ; de même *Hindoustan, Béloutchistan, Afghanistan,* etc.

la *Kachgarie* ou *Turkestan chinois*, à l'est du Pamir, encore plus pauvre que le Thibet; — le *désert de Gobi* ou *Chamo*, au nord du Kouen-Loun, région beaucoup plus désolée que le Sahara, car on n'y trouve pas d'oasis; la partie occidentale, à laquelle les Chinois ont donné le nom de Han-Haï (mer desséchée), est la cuvette d'une ancienne mer qui ne couvrait pas moins de 2 millions de kilomètres carrés (quatre fois l'étendue de la France) et présentait des profondeurs de 900 mètres; — enfin la *Mongolie*, le pays des herbes, au nord-est du plateau, notablement plus élevée (1 200 m. en moyenne) que le Gobi. — Bien que très clairsemées, les populations du grand plateau asiatique ont joué un rôle fort important dans l'histoire du monde. Les Huns, qui ravagèrent l'Europe au v⁰ siècle, étaient sortis des steppes mongols; de même les hordes de Gengis-khan, dont l'empire éphémère s'étendait (commencement du xiiiᵉ siècle) des rivages de la mer du Japon jusqu'à la mer Noire et aux Karpathes; et plus tard les bandes féroces de Tamerlan, qui dévastèrent la moitié de l'Asie. Ajoutons encore que c'est à ce formidable rempart de hauts plateaux, de déserts et de montagnes que la Chine doit d'être restée inconnue jusqu'au xviᵉ siècle et d'avoir vécu depuis dans un isolement presque complet. — Enfin le grand désert remplit une fonction économique d'une importance considérable : la marne argileuse qui en recouvre le sol, désagrégée par les agents atmosphériques et emportée par les vents en épais tourbillons, va se déposer à des centaines de lieues, sous forme de poussière jaune d'une ténuité extrême, dans les campagnes de la Chine, dont elle entretient depuis des siècles l'inépuisable fécondité.

18. **Région chinoise.** — La région chinoise, adossée au plateau central, se compose dans son ensemble d'une série de *hautes terres* traversées par des chaînes de montagnes de faible altitude. On y trouve aussi des *plaines* de grande étendue; la principale, située à l'angle nord-est, sur les bords du golfe du Pé-tché-li et de la mer Jaune, comprend les bassins inférieurs du Pei-ho, du Hoang-ho et Yang-tsé-kiang. — La configuration du terrain et la nature du sol ne présentent nulle part, en Chine, d'obstacles sérieux aux relations commerciales; on peut la parcourir du nord au sud et de l'est à l'ouest sans rencontrer ni déserts arides, ni montagnes trop difficiles à franchir. Le *climat* lui-même présente une certaine uniformité, bien que les parties extrêmes du pays confinent d'un côté aux plaines glacées de la Sibérie, de l'autre à la région brûlante de l'Indo-Chine; il est tempéré et se prête à toute sorte de cultures. La fécondité des terres jaunes est prodigieuse, et ces terres couvrent d'immenses espaces; aussi le sol est-il partout cultivé; les prairies sont rares et de peu d'étendue; les forêts ont disparu. — La richesse du sous-sol est encore mal connue, parce qu'elle n'est pas exploitée; on sait cependant que la Chine renferme beaucoup de *mines;* les gisements de houille en particulier y ont une étendue deux fois supérieure à la superficie de la France. En somme, la région chinoise est peut-être la plus riche qu'il y ait au monde. Elle est certainement la plus peuplée.

Le **Japon** forme une région à part, qui continue la presqu'île montagneuse et volcanique du Kamtchatka; les îles qui le composent sont également volcaniques et montagneuses; le *climat,* froid au nord, est tout à fait tempéré dans les îles du sud, très humide partout. Au lieu d'être déboisé comme la Chine, le Japon est couvert de beaux arbres épars au milieu des champs, ce qui donne au pays l'aspect d'un parc gracieux.

19. Région de l'Indo-Chine. — La région de l'Indo-Chine forme la transition naturelle entre l'Inde et la Chine; mais ce trait d'union est en même temps un trait de séparation pour les peuples des deux pays qui lui sont limitrophes; les *montagnes* dont elle est couverte, et qui se soudent à la ceinture du plateau central, les fourrés de broussailles et de hautes herbes (*jungles*) et les *forêts vierges* qu'on rencontre partout, enfin les vallées des fleuves, qui sont toutes dirigées du nord au sud, constituent une suite d'obstacles sérieux qu'aucune route n'a franchis jusqu'ici. Il est pourtant question, depuis quelques années, de construire une voie ferrée qui, partant de

Bhamo sur l'Iraouaddi, mettrait les possessions anglaises en rapport avec les provinces occidentales de la Chine. — Le *climat* de l'Indo-Chine est chaud, humide et malsain; la faune et la flore en sont d'une grande richesse. Les forêts et les jungles sont peuplées d'*éléphants,* de *tigres,* de *serpents* monstrueux, d'*oiseaux* au plumage éclatant et de brillants *insectes.* Les *cultures* n'occupent que des espaces restreints, mais sont très productives.

20. Hindoustan. — L'Inde ou Hindoustan forme une grande région comprenant les plaines du Brahmapoutra, du Gange et de l'Indus, avec le plateau du Dekkan. La **plaine du Gange** en est la partie la plus riche et la plus peuplée; généralement plate, monotone et maussade d'aspect, elle présente des terrains très fertiles, mais aussi des jungles, repaires d'animaux féroces et des marais pestilentiels, comme l'immense delta du Gange et du Brahmapoutra. La **plaine de l'Indus** n'est féconde que dans le voisinage immédiat du fleuve et de ses affluents; le reste se compose d'arides déserts, dont le plus considérable est celui de *Thar,* ou bien de marécages comme le *delta de l'Indus* et le *Runn,* tour à tour désert de sable, faisant suite au Thar, et grand lac marécageux. — Les plaines du nord sont dépourvues de bois; le **plateau du Dekkan** est mieux partagé sous ce rapport, bien que les incendies allumés par les habitants, plus encore que la hache des bûcherons, aient fait de nombreuses éclaircies dans les forêts. En effet, les tribus sauvages du Dekkan, aussi bien que celles de l'Indo-Chine, n'ont pas l'habitude d'ensemencer longtemps les mêmes champs; lorsque, après deux ou trois récoltes, la force productive d'un terrain est épuisée, ils l'abandonnent, mettent le feu à un coin de la forêt et y déposent leurs semences au milieu des cendres. — Le *climat* de l'Inde est *très chaud;* la moyenne de la température annuelle atteint 24 degrés au nord et 29 au sud. Dans la zone septentrionale de la plaine, l'écart entre l'hiver et l'été s'élève à 16 ou 17 degrés; mais au sud du Dekkan il ne dépasse pas 4 ou 5 degrés. La quantité de *pluie* que l'Inde reçoit annuellement, est très considérable : 2, 4, 6, 8, 10 mètres, suivant les localités, et jusqu'à 20 mètres dans les montagnes de l'angle nord-ouest ; mais elle varie beaucoup d'année en année, et les cultivateurs ont toujours à craindre de voir leurs moissons noyées sous des déluges d'eau, ou, ce qui est plus fréquent, dévorées par la sécheresse. La saison des pluies correspond à la mousson du sud-ouest et dure de juin à septembre. Les parties les mieux arrosées sont les Ghâtes occidentales et les pentes méridionales de l'Himalaya, surtout dans la partie comprise entre le Brahmapoutra et le haut Iraouaddi. Certaines averses y donnent en quelques heures une quantité de pluie égale ou supérieure à celle qui tombe à Paris en un an; c'est là que se trouve la station de Cherra-Pungie, qui reçoit annuellement de 12 à 20 mètres d'eau. — Les chaleurs excessives de l'été, jointes à l'abondance des pluies et à des perturbations électriques d'une intensité extraordinaire, rendent le *climat* de l'Inde débilitant et *malsain ;* les Européens qui habitent la plaine n'échappent à un épuisement complet qu'en allant résider, durant les mois les plus chauds, dans des villes de santé (*Sanatoria*) construites sur les montagnes : à Darjeeling, dans la région himalayenne, et au sud du Dekkan, sur les pentes des Nilgherries.

21. Région occidentale. — La région occidentale comprend toute la partie de l'Asie située à l'ouest des monts Soliman, Hindou-Kouch et Pamir. Elle a pour caractère principal une *sécheresse* extrême, jointe à de très fortes *chaleurs*. Les montagnes qui s'y élèvent sur presque tout le pourtour, dans le voisinage immédiat de la mer, ont pour effet d'arrêter au passage l'humidité des vents marins et de transformer ainsi en *deserts* les plateaux de l'intérieur. Cieux embrasés, sables brûlants, recouverts parfois, après la pluie, d'une végétation éphémère, roches pelées et terres calcinées, plus arides encore que les sables : tel est l'aspect des **déserts** de l'*Iran*, de la *Syrie* et de l'*Arabie;* ils donnent la main, d'un côté au Sahara, par-dessus la fournaise de la mer Rouge; de l'autre aux déserts du Turkestan, au Gobi, au Thar. Ils ne sont parcourus que par des tribus de *nomades pillards,* sans cesse en quête de pâturages pour leurs troupeaux. — A part les hautes terres d'*Arménie*, qui ont un climat dur et un aspect maussade, quoiqu'elles soient bien arrosées, les endroits où la pluie ne fait pas défaut, comme le *Masandéran* et le *Ghilan* (Perse), entre l'Elbourz et la Caspienne; la *Transcaucasie*, entre le Caucase et les monts d'Arménie; les *côtes de l'Asie Mineure* baignées par la Méditerrannée, et quelques parties de l'*Yémen* et de l'*Hadramaout* (Arabie), jouissent d'une merveilleuse fertilité, qui forme un contraste frappant avec l'aridité des déserts voisins. Il en est de même des *oasis*, où l'eau des sources supplée à l'insuffisance des pluies, et de la grande plaine de la *Mésopotamie*, dont la fécondité est entretenue par des milliers de canaux qui lui amènent les eaux du Tigre et de l'Euphrate.

GÉOGRAPHIE HISTORIQUE
ET ETHNOGRAPHIQUE

---

22. Aperçu historique. — 1° L'Asie a été le berceau de l'humanité naissante, le centre d'où les peuples ont rayonné dans toutes les directions. Elle vit se développer, aux premiers âges de la période historique, les puissants **empires de Ninive** et de **Babylone**, qui étaient déjà en pleine décadence dans le temps que l'Europe n'était encore peuplée que de quelques misérables tribus sauvages. A la même époque, l'**Inde** était riche et civilisée, et la **Chine** constituée en un État solidement assis, qui s'est maintenu jusqu'à nos jours dans un isolement complet.

2° C'est par l'**Asie occidentale** et par l'Égypte, qui lui est contiguë, que la civilisation pénétra en Europe. Les premières pages des historiens grecs et latins nous montrent les flottes de **Tyr** et de **Sidon** maîtresses de la Méditerranée, et portant des marchands et des colons sur tous ses rivages. Mais, au ve siècle avant notre ère, on put craindre que la Grèce, qui était alors le foyer de la civilisation européenne, ne succombât sous les coups de l'Asie, lorsque **Xercès** précipita sur ce petit peuple ses innombrables bataillons. Heureusement il fut vaincu, et un siècle et demi plus tard l'Europe prit sa revanche. **Alexandre le Grand** détruisit à son profit l'immense monarchie des Perses, et ses lieutenants, devenus ses héritiers, se partagèrent les terres qu'ils avaient conquises. Les **Romains** vinrent à leur tour mettre la main sur les riches contrées de l'Asie occidentale, et les *empereurs grecs de Constantinople* y maintinrent leur autorité jusqu'au jour où ils en furent chassés par les invasions des **Arabes** et des **Turcs** mahométans; ceux-ci, malgré les efforts héroïques et les succès momentanés des **croisés** au moyen âge, en sont restés les maîtres.

23. — 3° Au commencement du XIII° siècle, pendant que les barons chrétiens guerroyaient contre les infidèles de la Palestine, un puissant empire se fondait dans les steppes de la Tartarie. **Gengis-khan,** à la tête de ses hordes mongoles, conquérait successivement les provinces septentrionales de la *Chine* et du *Thibet,* le *Turkestan* et l'*Iran* (1208-1221). Après sa mort, ses successeurs se rendaient maîtres de *Moscou,* pénétraient jusqu'en *Hongrie* (1241) et s'emparaient de l'*Arménie.* Le pape Innocent IV, qui désirait les convertir et s'en faire des alliés contre les musulmans, leur envoya des missionnaires : le moine franciscain *Rubruquis* alla jusqu'à la horde du roi tartare, près de Karakorum, mais il échoua dans sa mission. — Vers le milieu du XV° siècle, un descendant de Gengis-khan, **Tamerlan,** renouvela les barbares exploits de son aïeul; après avoir ravagé l'*Asie occidentale* et la *Russie méridionale,* il entreprit la conquête de l'*Hindoustan,* se rendit maître de ce pays et le couvrit de ruines.

4° Jusqu'à la fin du XIII° siècle, l'Europe n'eut que des connaissances très confuses sur la majeure partie de l'Asie. A cette époque, un marchand vénitien, **Marco Polo,** publia la relation d'un long voyage de 24 ans qu'il avait fait à travers l'Asie. Il l'avait parcourue dans toute sa longueur, depuis l'*Arménie* jusqu'au *Japon,* et était revenu par les *îles de la Sonde,* l'*océan Indien* et la *Perse;* mais son récit, tout exact qu'il ait été reconnu depuis, parut alors tellement merveilleux, qu'il fut accueilli de tout le monde par une incrédulité moqueuse. — Deux siècles plus tard (1498), les **expéditions portugaises** mirent pour la première fois l'Occident en rapports suivis avec l'Extrême-Orient; des aventuriers et des marchands se précipitèrent en foule sur la route ouverte par **Vasco de Gama.** Des missionnaires catholiques, **saint François Xavier** en tête, ne tardèrent pas à les suivre, et ils n'ont cessé depuis lors de travailler à implanter la foi chrétienne parmi les peuples de l'Inde, de l'Indo-Chine, de la Chine et du Japon; ce sont leurs relations qui ont le plus contribué à faire connaître ces régions.

24. Population. — La *population absolue* de l'Asie est évaluée à environ 800 millions d'hommes. L'empire chinois en compte à lui seul plus de la moitié; et l'Inde, anglaise un tiers environ. Mais, comme il n'y a jamais eu de recensement sérieux en dehors des possessions européennes et du Japon, ce chiffre ne peut être regardé que comme simplement approximatif. Il en sera de même de ceux que nous donnerons dans la description des divers pays.

La *population relative* est de 19 habitants par kilom. carré. Elle se répartit d'ailleurs d'une manière très inégale : ainsi, tandis que l'Asie russe ne compte pas même 1 habitant par kilom. carré, l'Inde anglaise en a 89 ; le Japon, 106 ; l'empire Chinois, dans son ensemble, 35 ; la Chine propre, 95 ; et, dans plusieurs de ses provinces orientales, 300 et davantage.

24 *bis*. **Races.** — Les trois types principaux que présente l'espèce humaine ont des représentants en Asie. Le **type blanc** prédomine à l'ouest (Arabie, Asie Mineure, Arménie, Iran, Inde en deçà du Gange), et comprend environ le quart de la population. — Au **type nègre** se rattachent quelques tribus sauvages qui vivent dans les vallées écartées de l'Himalaya et du Dekkan. — Les populations à **type jaune** comprennent les deux tiers des Asiatiques ; elles sont groupées principalement dans le versant oriental (Chine et Japon). On les retrouve encore dans l'Inde transgangétique et dans l'Indo-Chine, où elles sont plus ou moins mêlées avec la race *malaie*. Celle-ci est dominante dans la presqu'île de Malacca. Les tribus sibériennes du nord-est sont parentes des Esquimaux et des Peaux-Rouges de l'Amérique.

25. **Émigration.** — Peu d'Asiatiques émigrent sans espoir de retour. Un certain nombre d'*Hindous* et surtout de *Chinois* s'engagent bien en qualité de manœuvres (coulis) pour aller travailler aux Antilles, dans les Guyanes, au Pérou, aux îles Bourbon et Maurice ; mais ils se font généralement rapatrier à l'expiration de leur engagement. La plupart des Chinois qui se fixent dans les pays étrangers, où ils sont généralement mal accueillis (Californie, Australie, etc.), s'arrangent de manière que leurs os du moins retournent au pays natal.

L'Asie reçoit encore moins d'*immigrants* qu'elle n'envoie d'*émigrants*. Les rares européens qui s'y rendent, employés, soldats et marchands, n'aspirent qu'à rentrer en Europe après leur fortune faite ou leur service terminé. Cependant la Caucasie et le Turkestan ont reçu un certain nombre de colons russes et allemands. Quant à la Sibérie, elles se peuple surtout de déportés et de forçats.

26. Langues. — Les trois types fondamentaux du langage se rencontrent en Asie. — Aux langues **monosyllabiques** se rattachent le *vieux chinois*, le *thibétain* et l'*annamite*; — aux langues **agglutinantes**, le *chinois moderne*, le *japonais*, le *coréen*, le *mongol*, le *turc* et les *idiomes dravidiens* de l'Inde méridionale. — Les langues **à flexion** dominent dans l'Asie occidentale : le *bengali*, le *mahratti* et l'*hindoustani*, dans l'Inde septentrionale; le *zend* et le *persan*, dans l'Iran; l'*arabe*, dans l'Arabie et les possessions turques, concurremment avec l'*arménien* et le *syriaque*.

27. Religions. — Toutes les religions, qui ont dominé ou qui dominent encore sur le monde, ont pris naissance en Asie, et y comptent des sectateurs plus ou moins nombreux. — Le **christianisme** a des fidèles dans presque toutes les contrées de l'Asie, mais ils sont partout noyés dans des flots de populations païennes. C'est dans la Turquie d'Asie, surtout en *Syrie* et en *Palestine*, que les **catholiques** sont groupés d'une manière plus compacte; ils y atteignent le chiffre de 656 000. La population catholique des *Indes orientales* (Hindoustan et Siam) s'élève à 1 750 000 (32 évêques, 2 200 prêtres); elle est de 1 370 000 dans l'*Extrême-Orient* (empire Chinois, Japon et Annam), avec 53 évêques, 930 missionnaires européens et 730 prêtres indigènes. — En dehors de ces 3 775 000 catholiques, des *russes schismatiques* de la Sibérie et d'un nombre très limité de *protestants*, la masse des Asiatiques appartient au *bouddhisme*, au *brahmanisme* et au *mahométisme*. Le bouddhisme règne dans toute l'Asie orientale et l'Indo-Chine, mêlé au *confucianisme* et au *taoïsme* en Chine, au *shintoïsme* au Japon. Le mahométisme est dominant dans l'Asie occidentale; le brahmanisme, dans l'Inde.

GÉOGRAPHIE POLITIQUE

28. Division. — L'Asie renferme douze États principaux, disposés autour du plateau central en quatre groupes
naturels parfaitement distincts :

Au N. : l'**Asie Russe**;

A l'E. : l'**Asie orientale**, comprenant les *empires
Chinois* et *Japonais*, les royaumes d'*Annam* et de *Siam*;

Au S. : l'**Asie anglaise**, dont l'*Hindoustan* forme la
partie principale;

A l'O. : l'**Asie musulmane**, qui se divise en six États :
le *Béloutchistan*, l'*Afghanistan*, la *Perse*, la *Turquie
d'Asie* et l'*Arabie*.

ASIE RUSSE

29. Les progrès des Russes en Asie. — Les premiers établissements des Russes en Asie datent de la fin du XVIᵉ siècle seulement,
et ils s'étendent aujourd'hui sur un pays plus de deux fois plus grand
que l'Europe. En 1581, l'hetman Iermack, à la tête de 6000 aventuriers cosaques, commençait la conquête de la **Sibérie** par sa victoire sur le sultan tartare de Sibir. Quelques années plus tard, des
chasseurs de fourrures descendaient l'Amour jusqu'à son embouchure,
reconnaissaient le littoral de la mer d'Okhotsk et celui de l'océan
Glacial, et découvraient l'archipel de la Nouvelle Sibérie. En 1689, le
traité de Nertchinsk délimita la frontière entre Russes et Chinois.
Cette frontière a été reportée depuis (1858-60) beaucoup plus au sud,
jusqu'à l'Amour et à la presqu'île de Corée. — La conquête du
Caucase coûta des efforts plus sérieux au gouvernement russe.
Commencée en 1793 par Catherine II, elle ne fut terminée qu'en
1864. Les tribus belliqueuses des montagnes, Lesghiens, Circassiens,
ne furent écrasées qu'après une résistance héroïque; beaucoup des
survivants s'expatrièrent pour ne pas subir le joug des envahisseurs
et furent remplacés par des colons allemands et russes. Plusieurs

districts arméniens, enlevés successivement à la Perse et à la Turquie, complètent les possessions russes de ce côté. — Les *hordes kirghises,* qui font paître leurs troupeaux dans les steppes situés au nord de la mer Caspienne et de la mer d'Aral, s'étaient soumises au tzar en 1734; mais, malgré cette soumission, plus apparente que réelle, ils réussirent longtemps à barrer à ses armées le chemin du **Turkestan**. La première expédition contre *Khiva* date de 1839; elle échoua misérablement. En 1847, les Russes, ayant pris position dans les îles de la *mer d'Aral,* organisèrent une flottille sur cette mer; de plus ils élevèrent une ligne de forts qui s'échelonnaient depuis Orenbourg jusqu'à l'embouchure du Syr-Daria, et même en amont, le long du fleuve. En 1865, ils s'emparèrent d'une partie du *khanat de Khokhand,* et peu de temps après formèrent de l'autre partie la province de Ferghana. L'*émir de Bokhara* dut leur céder Samarcande avec les plaines fertiles du Zérafchan, en 1868. Le *khan de Khiva* se soumit en 1873, et les *Turcomans Tekkès* de Merv une dizaine d'années plus tard. Enfin, en 1885, une armée russe s'est avancée dans la direction de *Hérat,* et peu s'en est fallu qu'elle ne se soit heurtée aux Anglais de l'Inde, alliés et protecteurs des *Afghans.*

29 *bis.* — **Les possessions russes en Asie** comprennent aujourd'hui trois grandes régions : la *Caucasie,* le *Turkestan* ou *Asie centrale* et la *Sibérie.*

	KILOM. CAR.	POPULATION	PAR KIL. C.
Caucasie.	472550	7980000	17
Asie centrale.	3505000	6100000	1,7
Sibérie.	12518490	4783000	0,4
Totaux.	15496040	18843000	1,2

30. **Caucasie.** — La ligne de faîte du Caucase divise la Caucasie en deux parties : la *Caucasie septentrionale,* qui s'étend au nord jusqu'à la dépression du Manytch, et la *Transcaucasie,* au sud, qui comprend l'Arménie orientale.

La Caucasie est divisée administrativement en douze gouvernements, territoires ou districts, savoir :

Caucasie septentrionale.

Stavropol.
Territoire du Térek.
Territoire du Kouban.

Caucasie méridionale.

Territoire du Daghestan.
District de Sakatal.

Tiflis.
Koutaïs.
District de la mer Noire.
Élizabethpol.
Bakou.
Érivan.
Territoire de Kars.

Les **villes principales** sont : dans la **Caucasie septentrionale**, *Stavropol* (34000 h.), jolie ville, agréable-
ment située; *Ekaterinodar* (66000 h.), sur le Kouban;
Patigorsk, renommée pour ses eaux minérales; *Vladicaucase* (44000 h.), à l'entrée du défilé de Dariel. — Dans
la **Transcaucasie**, **Tiflis** (105000 h.), capitale de toute
la Caucasie, autrefois capitale du royaume de Géorgie; *Koutaïs*, capitale de l'Iméréthie (Colchide); *Soukhoum-Kalé,
Poti* et *Batoum*, petits ports sur la mer Noire; les forte-
resses arméniennes de *Kars* (10000 h.) et d'*Alexandropol*
(20000 h.), et le fameux couvent d'*Etchmiadzin*, centre
religieux des Arméniens schismatiques; *Bakou* (93000 h.),
port sur la Caspienne, dans un district extrêmement riche
en pétrole; il s'y tient une grande foire annuelle qui menace
de supplanter celle de Nijni-Novgorod; enfin la forteresse
de *Derbent*, à l'entrée du défilé oriental du Caucase, connu
sous le nom de Portes-Caspiennes.

31. — Le *territoire transcaspien*, qui s'étend entre la
Caspienne et les khanats de Khiva et de Bokhara, est rat-
taché à l'administration de la Caucasie. Un chemin de fer,
construit avec une étonnante rapidité, le traverse aujour-
d'hui, de Michaïlof, sur la Caspienne, à Samarcande, par
Askabad, Merv, Tchardjoui et Bokhara. Cette voie, qui a
une importance très considérable au point de vue stratégique, passe à *Merv*, dans l'oasis des Turcomans-Tekkès;
cette ville, jadis la rivale de Bokhara, n'a plus que quelques
milliers d'habitants; mais les Russes travaillent activement
à la relever de ses ruines. En quelques jours de marche
ils pourraient, de là, atteindre Hérat par la vallée du
Mourghab.

32. Asie centrale. — La région à laquelle les Russes
ont donné le nom d'Asie centrale, comprise entre le cours
inférieur de l'Oural et les monts Célestes, se divise en deux
parties distinctes : les *steppes des Kirghis*, au nord, le
Turkestan, au sud, dans les bassins de l'Amou-Daria, du
Syr-Daria et de l'Ili. — L'Asie centrale est divisée administrativement en neuf gouvernements, savoir :

Turkestan.	Steppe des Kirghis.
Amou-Daria.	Ouralsk.
Syr-Daria.	Tourgaï.
Zaraîchan.	Akmolinsk.
Ferghana.	Sémipalatinsk.
Sémiretchensk.	

Les **villes principales du Turkestan** sont : dans la province du **Syr-Daria**, *Taschkend* (120 000 h.), résidence du gouverneur-général, et *Khodjend* (35 000 h.); — dans la province du **Zéraîchan** (ancienne Sogdiane), *Samarcande* (36 000 h.), la Maracanda, dans laquelle séjourna Alexandre le Grand; Tamerlan, qui en fit plus tard sa résidence, l'embellit de superbes monuments, dont les ruines grandioses excitent encore l'admiration; dans la province de **Ferghana**, *Khokand* (54 000 h.), l'ancienne capitale du khanat de même nom; *Marghilan* (26 000 h.), chef-lieu actuel de la province; *Audidjan* (30 000 h.), etc.

33. — Les **khanats musulmans de Khiva et de Bokhara**, situés le long de l'Amou-Daria, entre le Turkestan et le territoire transcaspien, ne jouissent que d'une indépendance purement nominale; s'ils ne sont pas encore incorporés administrativement aux possessions russes, ils n'en sont pas moins soumis au tzar, dont les agents surveillent avec un soin minutieux le gouvernement des deux émirs. — *Khiva*, capitale du khanat de ce nom, est une ville misérable, assiégée par les sables du désert de Kara-Koum, qui occupe les neuf dixièmes du pays. — *Bokhara* (70 000 h.), au contraire, quoique bien déchue, est encore un grand centre industriel et commerçant, renommé pour ses cuirs et ses soieries.

34. Sibérie. — La Sibérie s'étend sur tout le nord de l'Asie, entre l'océan Glacial et le plateau central. C'est dans cette région froide et désolée que le gouvernement russe transporte chaque année des milliers de condamnés, assassins, incendiaires, fonctionnaires convaincus de concussion, condamnés politiques, et Polonais, coupables seulement d'avoir témoigné trop d'attachement à leur foi ou à leur patrie. — Le nord et l'est de la Sibérie sont à peu près déserts ; les rares sauvages, *Samoyèdes*, *Ostiaks*, *Iakoutes*, *Tchouktchis*, qui en parcourent seuls les solitudes, tirent leur subsistance de la chasse et de la pêche. La partie méridionale commence à être envahie par des mineurs et des colons Grands-Russiens. — La Sibérie est divisée administrativement en trois **gouvernements généraux**, *Sibérie occidentale*, *Sibérie centrale* ou gouvernement général d'Irkoutsk, et *Sibérie orientale*, subdivisés en huit gouvernements ou provinces, savoir :

Sibérie occidentale.	**Sibérie orientale.**
Tobolsk.	Transbaïkalie.
Tomsk.	Province de l'Amour.
Sibérie centrale.	Province du littoral.
Iénisséisk.	
Irkoutsk.	
Iakoutsk.	

35. — Les **villes principales** sont : dans la **Sibérie occidentale** (bassin de l'Obi), *Tobolsk* (20 000 h.), au confluent du Tobol et de l'Irtych, jadis capitale de toute la Sibérie ; *Tioumen* (16 000 h.), grand centre industriel pour la fabrication des tissus ; —(*Iékatérinbourg* (37 000 h.), située dans un des plus riches districts miniers de l'Oural, et la petite ville d'*Irbit* (4 000), célèbre par ses foires, se rattachent à la Sibérie occidentale par leur position, mais dépendent administrativement de la province européenne de Perm) ; — *Omsk* (55 000 h.), sur l'Irtych ; *Tomsk* (42 000 h.), sur l'Obi, et *Barnaoul* (15 000 h,), dans le principal district minier de l'Altaï, sont de fort jolies villes modernes ;

Dans la **Sibérie centrale** (bassins de l'Iénisséï et de la Léna), *Krasnoiarsk* (15 000 h.), sur l'Iénisséï ; *Irkoutsk* (50 000 h.), près du lac Baïkal, sur l'Angara, la ville la plus policée de la Sibérie ;

Dans la **Sibérie orientale**, *Kiakhta* (10 000 h.), ville principale de la Transbaïkalie ou Daourie, entrepôt du commerce russe avec la ville chinoise de Maï-ma-tchin, qui lui est contiguë ; les trois ports de *Vladivostock* (10 000 h.), sur la mer du Japon; *Nicolaievsk* (5000 h.), à l'embouchure de l'Amour, et *Petropawlosk*, capitale du Kamtchatka. — La **province du littoral** à laquelle ils appartiennent comprend toute la *côte* située à l'est des monts Stanovoï, depuis la Corée jusqu'au détroit de Béring, avec la grande île *Sakhaline* et la presqu'île rocheuse, élevée et volcanique du *Kamtchatka*. — C'est à *Vladivostock* que la ligne télégraphique russe, qui traverse la Sibérie de l'ouest à l'est, se rattache à la ligne sous-marine anglaise du Japon.

ASIE ORIENTALE

JAPON

36. — L'empire du Japon (382400 kilomètres carrés, y compris l'archipel de Bonin-Sima; 41 millions d'habitants : 106 habitants par kilomètre carré) se compose de cette innombrable multitude d'îles volcaniques qui se prolongent, le long des côtes de l'Asie orientale, sur environ 27 degrés de latitude, depuis l'extrémité méridionale du Kamtchatka jusqu'à l'île Formose. Les trois plus populeuses, *Nipon, Sikokou* et *Kiou-Siou*, situées au centre, renferment plus de 40 millions d'habitants. Les îles du nord, *Yéso* et les *Kouriles*, sont, au contraire, à peu près désertes. L'archipel *Liéou-Kiéou* ou *Lou-Tchou*, au sud, possède plus de deux fois plus d'habitants, quoique la surface en soit vingt fois moindre.

2° Depuis la révolution de 1867, qui entraîna la déchéance du *siogoun* (souverain temporel) et remit l'autorité aux mains du *mikado* (souverain spirituel), le Japon, jusque-là obstinément fermé aux étrangers, s'est précipité avec un engouement extraordinaire dans la voie des réformes politiques, sociales et religieuses. La noblesse, très nombreuse et jadis redoutable, a été dépouillée de tous ses privilèges; mais le pouvoir du souverain n'en est que plus absolu. L'écriture nationale a été abandonnée et remplacée dans les écoles par l'alphabet latin; des cours scientifiques et littéraires ont été établis avec l'aide de professeurs européens, et un certain nombre de jeunes Japonais sont envoyés en Europe pour y faire leur éducation. On a réorganisé l'armée sous la direction d'officiers européens, créé une marine à vapeur, construit des chemins de fer et des télégraphes électriques. Enfin les deux cultes dominants, le *bouddhisme*, importé de Chine, et le *shintoïsme*, religion nationale, ont été dépouillés de leurs privilèges et de leurs biens, et la liberté des cultes proclamée. — Le Japon renferme environ 30000 *catholiques*, nouveaux convertis, ou descendants des anciens chrétiens si cruellement persécutés au xvii° siècle; la foi a pu se conserver parmi eux, avec les pratiques les plus essentielles du culte, durant 200 ans, sans le secours d'aucun prêtre!

37. — Les **villes principales** du Japon sont : *Hakodaté* (58000 h.), port de commerce, au sud de l'île **Yéso**;

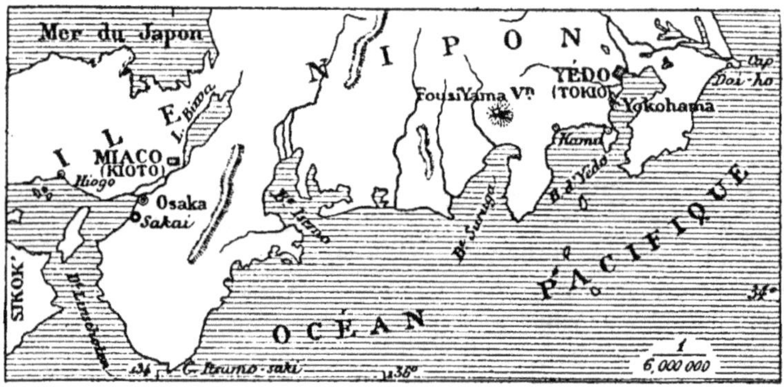

Partie centrale du Nipon.

— dans le **Nipon septentrional**, *Sendaï* (64000 h.), sur la côte orientale, et *Niégata* (46000 h.), port de commerce, sur la côte occidentale; — dans le **Nipon central**, **Tokio** (1162000 hab.), au fond de la magnifique baie de Yédo, capitale de l'empire et résidence du Mikado depuis 1869; un chemin de fer la relie au port de *Yokohama* (132000 h.), situé sur la même baie; *Nagoïa* (179000 h.) et *Kanazawa* (84000 h.), à peu de distance de la mer, l'une sur la côte sud, l'autre sur la côte nord de l'île; **Kiôto** ou **Miako** (298000 h.), qui fut la capitale de l'empire durant onze cents ans; cette ville, dont la population a diminué de moitié, depuis 1869, garde toujours le sceptre de la politesse, de l'élégance et du goût; aucune ville japo-

naise ne possède des ouvriers aussi habiles pour la fabrication des émaux, des porcelaines, des bronzes et des soieries;
Osaka (484000 h.); — dans le **Nipon occidental,**
Hiogo (40000 h.), *Okayama* (48000 h.) et *Hiroshima*
(89000 hab.); — dans l'île **Sikokou,** *Toukoushima*
(60000 h.); — dans l'île **Kiou-Siou,** le port commerçant de *Nagasaki* (60000 h.) et *Kagoshima* (57000 h.),
capitale de la province de Satsouma.

EMPIRE CHINOIS

38. Deux mots d'histoire. — 1° Les origines de la Chine se
perdent dans la nuit des temps; mais la période vraiment historique
de cet empire, plus de quarante fois séculaire, remonte à l'an 2200
avant Jésus-Christ. Durant ce laps de temps, une quinzaine de
dynasties ont occupé successivement le trône du « Fils du Ciel »;
celle qui règne aujourd'hui ne date que du commencement du XVIIe
siècle (1616). — Grâce à sa situation et au mépris superbe que le
Chinois affecte pour tout ce qui est étranger, la Chine a vécu dans un
isolement à peu près complet jusqu'au milieu du XIXe siècle. Les
Européens en soupçonnaient à peine l'existence, lorsque, à la fin du
XIIIe siècle, le voyageur vénitien **Marco Polo,** qui l'avait visitée,
la révéla à l'occident; mais sa relation, toute véridique qu'elle fût,
renfermait des choses qui parurent si étranges et si merveilleuses,
qu'on la considéra comme un roman. Les cinq siècles suivants
n'ajoutèrent que peu de chose aux renseignements de l'illustre
voyageur.

2° Cependant les missions catholiques prirent un merveilleux essor
en Chine, dans le cours du XVIIe siècle, grâce à la faveur que plusieurs
Jésuites, savants de premier mérite, *Ricci, Verbist, Duhalde,*
Gaubil, etc., avaient acquise auprès de l'empereur. Ils publièrent sur
la Chine (XVIIIe siècle) un grand ouvrage, composé d'un texte très
volumineux et de cartes, qui renferme la meilleure description de
ce pays qui existe jusqu'à ce jour. Mais bientôt la faveur fit place à
la persécution; les Jésuites et les autres missionnaires furent chassés,
et l'entrée de la Chine rigoureusement interdite aux étrangers sous
peine de mort. Un grand nombre d'apôtres intrépides n'en conti-
nuèrent pas moins de s'y introduire sous toute espèce de déguise-
ments, et d'en parcourir les provinces; beaucoup périrent dans les
tortures, victimes de leur héroïque dévouement. Jusqu'au milieu
de notre siècle, leurs relations ont été la source à peu près unique de
renseignements qu'on eût sur l'Extrême-Orient (Chine, Japon et
Indo-Chine). Citons en particulier le grand voyage des *PP. Huc* et

Gabet à travers la Tartarie, le Thibet et la Chine, et les explorations plus récentes du savant *P. A. David*.

3° La Chine n'est sortie de son isolement volontaire que contrainte par la force. En 1842, à la suite de la « guerre de l'opium », les Anglais la forcèrent d'ouvrir plusieurs ports au commerce britannique; les États-Unis, puis la France, obtinrent des concessions semblables. En 1860, l'*expédition anglo-française* infligea une humiliation profonde à l'orgueil chinois, en s'emparant de Pékin et en saccageant le fameux palais d'Été; mais elle rendit ensuite un service signalé au gouvernement de l'empereur en l'aidant à écraser (1864) la terrible révolte des *Taïpings*. Plus récemment, des démêlés s'étant élevés entre la France et la Chine, à propos de l'occupation du Tonkin, l'illustre amiral Courbet détruisit le grand arsenal de Fou-Tchéou (1884) et une partie de la flotte chinoise; Pékin fut menacé de famine par suite du blocus des ports qui l'approvisionnent.

4° Désormais la Chine est ouverte au commerce et aux idées de l'Europe; elle possède déjà des lignes télégraphiques, des bateaux à vapeur; elle va accorder des concessions de chemins de fer. Elle s'est aussi procuré des fusils perfectionnés, des canons Krupp, des aérostats militaires, et travaille activement à organiser son armée à l'européenne, sous la direction d'officiers allemands et anglais. — Les édits, que la France a obtenus en faveur de la liberté religieuse, ne suffisent pas encore à protéger partout, d'une manière efficace, nos missionnaires et leurs chrétiens contre les fureurs populaires et contre l'hostilité systématique des mandarins et des lettrés; mais du moins il n'y a plus de persécution ouverte.

39. Population. — 1° La population de l'empire chinois dépasse le quart des hommes actuellement existants : plus de 400 millions, sur une étendue d'environ 11 800 000 kilomètres carrés : soit à peu près 35 habitants par kilomètre carré. Mais cette population se répartit d'une manière très inégale; ainsi la Mongolie et le Turkestan chinois comptent à peine un habitant par deux kilomètres carrés, tandis que la Chine proprement dite en a 95. Dans les provinces orientales surtout, la densité de la population dépasse tout ce que nous voyons en Europe; elle s'élève à 200 habitants par kilomètre carré dans le Kiangsou, à 260 dans le Chantong; et il est tel district, à peu près exclusivement agricole, comme le Pou-tong, situé à l'embouchure du Yang-tsé-kiang, où 3 millions d'hommes vivent sur une étendue de 3 000 kilomètres carrés, soit 1 000 habitants par kilomètre carré, 10 par hectare! L'extrême fécondité du sol et des eaux, et surtout les qualités physiques et morales de la race chinoise, sobriété, patience, force d'endurance, peuvent seules permettre à de pareilles foules de vivre sur des espaces aussi restreints; il règne d'ailleurs parmi elles une misère dont on n'a pas d'idée.

2° Aussi voit-on, surtout depuis que l'empire est ouvert aux étrangers, un nombre considérable d'**émigrants** chinois se précipiter en foule aux Philippines, aux Sandwich, dans l'archipel de la Sonde, au Pérou, et surtout dans les ports de l'Indo-Chine, où ils ont accaparé presque tout le commerce; la Californie, que les Jaunes menaçaient d'une invasion pacifique, leur est actuellement fermée, et l'Australie leur fait payer cher les permis de séjour qu'elle leur octroie.

3° En Chine, les *mœurs privées et publiques découlent du respect filial*. L'État lui-même est considéré comme une extension de la famille; le souverain et les dépositaires de l'autorité (mandarins), à un degré quelconque, sont honorés comme les « pères et mères » de leurs subordonnés. La piété filiale y est donc devenue le fondement de la société, selon le vœu que Confucius exprimait dans son testament. Peut-être les Chinois ont-ils pris trop à la lettre cette autre parole du philosophe : « Toutes les vertus ont leur source dans l'étiquette; » car ils sont *formalistes* à l'excès. La manière de se conduire dans les diverses circonstances de la vie, les rapports avec les supérieurs, les égaux et les inférieurs, tout, jusqu'à la forme, la couleur et la matière des vêtements, est minutieusement réglé; et nul n'a droit à la considération s'il ne s'astreint de point en point à ce cérémonial compliqué.

4° On dirait que les Chinois ont pris à tâche de faire tout au rebours des Européens : ainsi leur écriture se lit de droite à gauche, et elle est tracée au pinceau; ils mettent à gauche la personne qu'ils veulent honorer; ils croiraient manquer à la politesse en se découvrant la tête devant un supérieur, ce qui oblige les missionnaires à se coiffer d'un bonnet carré pour dire la messe, par respect pour le saint Sacrement; leur couleur de deuil est le blanc. Leur boisson est le thé, et ils le prennent toujours brûlant, même au plus fort des chaleurs de l'été; le riz cuit à l'eau leur tient lieu de pain; le porc est à peu près leur unique viande; deux petits bâtonnets remplacent fourchettes et cuillers, etc.

5° Le **culte** officiel des mandarins et des lettrés est celui de *Confucius*, qui est plutôt une philosophie morale qu'une religion. Le peuple est, en majorité, *bouddhiste* ou *taoïste*, et se montre surtout fort attaché au *culte des ancêtres*. Dans chaque maison on conserve religieusement les tablettes, sur lesquelles sont inscrits les noms des parents défunts; on se prosterne devant elles et on brûle des parfums en leur honneur. Au reste, la religion des Chinois païens est tout extérieure, et le sentiment religieux n'exerce à peu près aucune influence sur leur vie; le même individu se montrera tour à tour bouddhiste, taoïste, confucianiste, suivant les occasions; en réalité, la plupart sont *fétichistes*. — On compte environ 20 millions de *mahométans* dans les provinces occidentales. — Des indices sérieux permettent de croire que le **christianisme** a été prêché en Chine dès les temps apostoliques; ainsi, dans la province du Honan, il existe une pagode, appelée « temple de Tomo (Thomas) », dont l'idole principale a des traits, une attitude et des vêtements qui sont ceux des occidentaux, et les bonzes racontent que ce personnage vint du fond de l'occident pour changer les cœurs et réformer les mœurs en opérant de grands miracles. Quoi qu'il en soit, la religion chrétienne avait disparu de ces régions, lorsque les Jésuites y fondèrent, au XVII siècle, des missions, que les plus atroces persécutions n'ont pu détruire. L'Église catholique compte en Chine environ 600 000 fidèles, dispersés sur tous les points de l'empire, avec 39 évêques, 640 missionnaires et 370 prêtres indigènes.

40. Grandes divisions de l'empire. — L'empire chinois comprend toute l'Asie orientale (moins le Japon) et le grand plateau central. Il est en contact, sur toutes ses frontières, avec des nations européennes : la *Russie*, au nord et à l'ouest (Sibérie et Turkestan); l'*Angleterre* (Inde et Birmanie) et la *France* (Tonkin), au sud. Il possède dans le Pacifique, qui baigne 800 lieues de côtes chinoises, les deux grandes îles de *Formose* et *Haïnan*. Son étendue, comme il a déjà été dit, est d'environ 11 800 000 kilomètres carrés, et sa population est évaluée à plus de 400 millions d'âmes. — Il se compose de la **Chine** proprement dite et de la **Mandchourie**, administrées directement par le gouvernement impérial; de **Pays sujets,** *Mongolie*, *Thibet*, *Dzoungarie*, *Turkestan oriental*, et enfin d'un **État vassal,** la *Corée*. — Le tableau suivant indique l'étendue et la population approximative de ces diverses parties.

	Kilomèt. car.	Population.	Par kil. car.
Chine proprement dite. . .	4 024 900	381 500 000	95
Mandchourie	982 470	12 000 000	12
Pays Sujets. *Mongolie*	3 377 300	2 000 000	0,6
Thibet.	1 687 900	6 000 000	3,6
Dzoungarie. . . .	383 300	600 000	1,6
Turkestan orient.	1 120 000	580 000	0,5
État vassal. *Corée*.	218 000	10 500 000	48
Empire chinois.	11 793 870	413 180 000	35

41. Chine proprement dite. — La Chine proprement dite, ou les *dix-huit provinces*, comprend tout le pays situé entre le plateau central et le Pacifique, avec les deux îles *Formose* et *Haïnan*. — Le tableau suivant indique les noms et la position des dix-huit provinces, avec leur étendue et leur population approximative.

	FLEUVES BAIGNANT LES PROVINCES	KILOM. CAR.	POPULATION
Provinces maritimes.			
Pé-tché-li	Peïho.	183 357	17 937 000
Chantoung. . . .	Hoang-ho.	139 282	36 545 704
Kiang-sou	Yang-tsé.	109 959	21 259 989
Tché-kiang. . . .	Petits fleuves	92 383	11 685 348
Fokien.	côtiers.	157 320	23 502 794
Kouantoung . . .	Si-kiang.	269 923	29 740 055

Provinces centrales.

Chansi......	Hoang-ho.	170853	10791341
Honan......	Hoang-ho.	173350	22117036
Hou-pé.....	Yang-tsé.	179946	33600492
An-hoeï.....	Yang-tsé.	139875	20596988
Kiang-si.....	Yang-tsé.	177656	24541406
Hounan.....	Yang-tsé.	215555	21005171
Kouang-si....	Si-kiang.	201640	5121327

Provinces occidentales.

Chensi......	Hoang-ho.	210340	8276967
Kansou......	Hoang-ho.	674923	4368872
Ssé-tchouan...	Yang-tsé.	479268	71073630
Koueï-tchéou..	Yang-tsé.	172898	7669181
Yunnan.....	Yang-tsé, Mékong et Song-Coï.	317162	11721576
Chine proprement dite.........		4024690	381554977

Comme la population de la Chine est excessivement dense, les grandes villes s'y comptent par centaines; une cinquantaine ont plus de 100000 habitants, une douzaine plus de 600000, et quatre ou cinq un million et plus [1].

[1] Villes chinoises de plus de 100000 habitants.

Provinces maritimes.		Habitants.
Pé-tché-li...	Péking.....	500000
	Tien-tsin....	950000
	Kalgan.....	200000
	Paoting.....	130000
	Tong-tchéou..	100000
Chantoung...	Tsi-nan....	200000
	Oueï-hien...	250000
	Teng-tchéou..	230000
	Tché-fou....	120000
	Tchoung-kia..	200000
Kiang-sou...	Nan-king...	130000
	Tching-kiang.	170000
	Yang-tchéou..	360000
	Sou-tchéou..	500000
	Chang-haï...	600000
Tché-kiang...	Hang-tchéou.	800000
	Chao-hing...	500000
	Lan-ki.....	200000
	Ning-po....	160000
	Wen-tchéou..	170000
	Hou-tchéou..	100000
Fokien......	Fou-tchéou..	630000
	Liang-kiang..	250000
	Tchang-tchéou	500000
	Yang-ping...	200000
	Tsin-gan....	100000

		Habitants.
Kouang-toung.	Canton....	1500000
	Fa-tchan....	500000
	Chu-hing...	200000
	Kiang-tchéou.	200000
	Chih-loung..	100000
	Toung-koung.	120000

Provinces centrales.

		Habitants.
Chansi...	Taï-youan....	250000
Houpé....	Ou-tchang. Han-Yang. Hankéou..	1500000
Kiang-si...	Hou-kéou....	300000
Hounan....	Siangt'an....	1000000
	Tchang-tcha..	300000
Kouang-si..	Wou-tchéou...	200000

Provinces occidentales.

		Habitants.
Chensi...	Si-ngan.....	1000000
Kang-sou..	Lan-tchéou...	500000
	Tching-tchéou.	160000
Ssé-tchouan.	Tching-tou...	800000
	Tchoung-tcheng	600000
	Su-tchéou....	300000

Ajoutons toutefois que ces évaluations sont peu sûres et ne reposent sur aucun recensement sérieux. Il suffira de citer les plus considérables et celles qui sont le plus fréquentées par les Européens. — Les grandes **villes chinoises** renferment deux cités distinctes, séparées par une muraille intérieure : la *ville tartare*, centre de l'administration, peuplée de soldats et d'employés, morne et sans commerce; la *ville chinoise*, bruyante, animée, centre du commerce et des affaires. Les *faubourgs* forment comme une troisième ville, où grouille une population misérable, dans des taudis sordides, alignés le long de rues infectes. Du reste, les plus belles villes sont sales et sans monuments remarquables.

Pékin, ou plus exactement **Péking** (résidence du nord, 500 000 h.), capitale de l'immense empire, est aussi malpropre que les villes de province. La ville tartare y enserre une troisième cité, avec son enceinte murée, la *ville impériale*, au milieu de laquelle s'élève le palais du Fils du Ciel. La ville chinoise est située au sud de la ville tartare. Les maisons de Pékin sont basses, comme celles de toutes les villes chinoises, et des espaces très étendus sont occupés par des parcs ou des terrains vagues, de sorte qu'il paraît difficile d'attribuer à Pékin une population de 1 600 000 habitants, chiffre qu'on trouve encore dans certaines géographies. **Tien-tsin** (950 000 h.), située à peu de distance, sur le Peï-ho, est beaucoup plus populeuse; cette ville est le grand entrepôt des grains pour l'alimentation de la capitale.

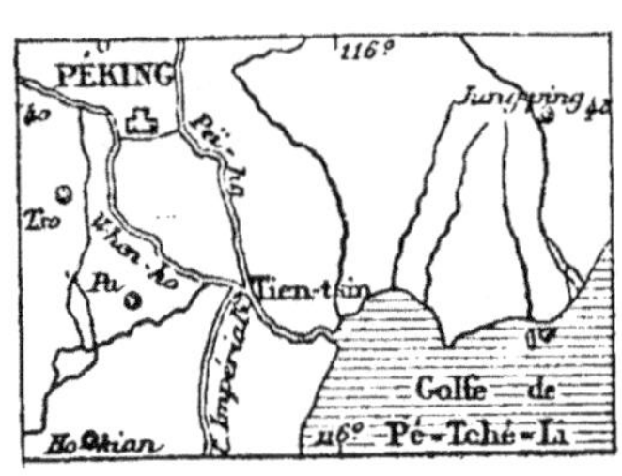

Péking et le golfe de Pé-tché-li

42. — Les autres **villes les plus importantes** des **provinces maritimes** sont: **Nankin** (résidence du sud) (130 000 h.), sur le bas Yang-tsé-kiang, aux trois quarts détruite depuis la révolte des Taïpings, qui en avaient

fait leur capitale; **Chang-haï** (400 000 h.), centre principal du commerce européen avec la Chine; **Hang-tchéou** (800 000 h.) et *Ningpo* (250 000 h.), ports de commerce; **Fou-tchéou** (630 000 h.), dont le grand arsenal a été

détruit, en 1884, par l'amiral Courbet, important marché de thé; **Canton** ou Kouang-tong-fou[1] (1 500 000 h.), grand port de commerce sur un bras du Si-kiang, à 30 lieues de l'embouchure du fleuve; c'est le premier centre industriel de la Chine; il y a des fabriques de soie-

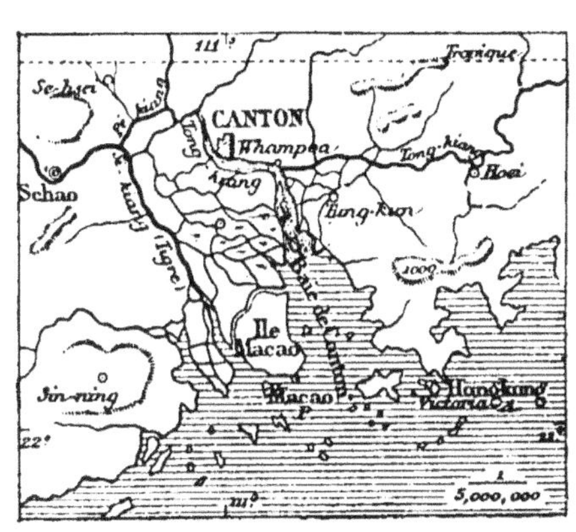

Canton.

ries, de papier, de verre, d'objets en laque, en ivoire et en bois; nulle part on ne fait d'aussi belles broderies; *Fatchan* (500 000 h.) participe à son activité et possède également de nombreuses fabriques.

Les principales villes des **provinces centrales et occidentales** sont : sur le fleuve Bleu, **Ou-tchang-fou**, **Hankéou** et **Hanyang**, réunies en une seule agglomération de 1 500 000 habitants; Ou-tchang-fou est le principal marché de thé; aucune ville de l'intérieur ne renferme autant d'Européens. **Tching-tou-fou** (800 000), capitale du Ssé-tchouan, la plus belle des villes de la Chine, est bâtie au centre d'une plaine immense, cultivée comme un jardin. **Tchoung-tcheng** (600 000 h.), dans la même province, est un marché extrèmement actif. **Si-ngan-fou** (1 million d'habitants), capitale du Chensi, située dans la région de la Terre Jaune, est également une cité commerciale de premier ordre.

---

[1] Les provinces se divisent en *fou* (départements), ceux-ci en *tchéou* (arrondissements), subdivisés eux-mêmes en *hien* (districts). Ces mots s'ajoutent ordinairement aux noms des chefs-lieux des divisions.

43. Mandchourie. — La Mandchourie est située au nord du golfe du Pé-tché-li, entre la Corée et la Mongolie. Ce pays a été le berceau de la dynastie tartare, qui conquit la Chine au xviie siècle et qui y règne encore aujourd'hui ; il est organisé militairement et divisé en huit bannières ou corps d'armée, qui servent de noyau au reste des forces chinoises. La partie méridionale ou *Leaotong* est assez fertile et fait un grand commerce par le port de *Niutchouan* (ou mieux *Yngtsé*), qui est ouvert aux Européens. **Moukden** (180 000 h.), la capitale, qui fut la résidence des ancêtres de la famille impériale, est placée administrativement au même rang que Pékin. *Girin* (120 000 h.) et *Tsitsikhar* (30 000 h.) sont les chefs-lieux des deux provinces de même nom, situées dans le bassin de la Soungari, affluent de l'Amour.

44. Pays sujets de l'empire. — La **Mongolie** s'étend, au sud de la Sibérie, de la Mandchourie au Turkestan russe ; elle se compose de deux parties, le *désert de Gobi*, au sud, et le pays des Mongols Kalkhas, la *Terre des herbes*, au nord. La **Grande Muraille** (8 m. de hauteur, 6 m. de largeur), qui séparait autrefois la Chine de la Mongolie, sur une longueur de 800 lieues, des bords du haut Hoang-ho à la rivière Soungari, présente aujourd'hui bien des brèches, et en maint endroit elle n'est plus reconnaissable qu'aux débris des portes monumentales dont elle était percée ; la partie qui couvrait Pékin, de construction relativement récente (xive siècle), se dresse pourtant encore dans son imposante majesté. Ce travail gigantesque, entrepris avant le commencement de l'ère chrétienne, et souvent réparé ou complété depuis, est désormais inutile. Les féroces Mongols, dont il avait pour but d'arrêter les invasions, sont devenus des bergers pacifiques, timides même, des hommes sans initiative et plus portés à la contemplation qu'à l'action : un tiers, dit-on, sont lamas (religieux bouddhiques). Les Mongols d'aujourd'hui n'ont gardé de la vie aventureuse de leurs ancêtres que l'habitude de chevaucher tout le long du jour, tantôt sans but déterminé, tantôt en veillant sur leurs troupeaux.

2

La principale ville de la Mongolie, *Ourga* (30 000 h.), renferme un grand couvent bouddhique (*kouren*) peuplé de 10,000 lamas.

45. — Le **Thibet**, le pays le plus élevé du monde, est situé sur le plateau central de l'Asie, entre les chaînes de l'Himalaya et du Kouen-Loun. C'est une région pauvre, sans arbres, presque sans broussailles, désolée par des froids terribles et par une extrême sécheresse. Les Thibétains, race laide mais énergique, sont cantonnés principalement à l'est, dans la vallée du Brahmapoutra, auquel ils donnent le nom de Dzang-bo (Eau sainte). Dans cette région, où la mousson apporte des pluies abondantes, s'élève **Lhassa** (50 000 h.), la capitale du Thibet, la Rome du bouddhisme; le souverain pontife de cette religion, le *dalaï-lama*, y fait sa résidence; des multitudes de pèlerins y affluent de toutes les parties du monde bouddhique, surtout de la Mongolie, apportant des présents, et heureux d'adorer le Bouddha vivant. Vingt mille lamas vivent dans les couvents de Lhassa et des environs.

46. — Le **Turkestan chinois**, situé dans la partie occidentale du grand plateau, à l'est du Pamir, est presque aussi froid et encore plus desséché que le Thibet. La capitale, *Kachgar* (50 000 h.), est un grand entrepôt commercial et une position stratégique très importante, au point de croisement de plusieurs routes. *Yarkend* (60 000 h.), située dans la partie la plus fertile du bassin du Tarim, est plus populeuse que la capitale.

La **Dzoungarie chinoise**, couverte en grande partie par les ramifications des monts Célestes, ne présente, au nord de la chaîne que des steppes maigres ou stériles, parsemés de lagunes saumâtres. Toute différente est la ravissante vallée de l'Ili; on la cite comme l'une des plus belles régions de l'Asie centrale; mais les habitants y sont actuellement bien clairsemés, parce qu'elle a été souvent ravagée par d'affreuses guerres d'extermination. Les Russes disputent aux Chinois la possession de cette ravissante contrée; la capitale, *Kouldja* (15 000 h.), a même

été assez longtemps occupée par eux, mais ils ont fini par
la rendre au Céleste Empire.

47. La Corée, état vassal. — Le royaume de Corée
s'étend, au sud de la Mandchourie, entre la mer du Japon
et la mer Jaune. C'est un pays montagneux, boisé, très
humide en été et très froid en hiver, quoiqu'il soit à la
même latitude que Naples et Alger. Les liens qui rattachent la Corée à la Chine depuis le XVIIe siècle ne lui
imposaient d'autre devoir que la notification des change-
ments de règne et l'envoi annuel d'une ambassade, pour
porter les présents à l'empereur et en recevoir le calendrier
impérial. Ils se sont relâchés, sinon tout à fait brisés, depuis 1876, époque où les Japonais reconnurent l'indépendance de la Corée et obtinrent le droit de fréquenter plusieurs ports; ce droit a été depuis accordé aux États-Unis
et à plusieurs puissances européennes. Auparavant, l'entrée du royaume était interdite aux étrangers sous peine
de mort, et il n'y avait à braver cette défense que des missionnaires français, dont beaucoup sont morts dans de cruels
supplices. En dépit de tous les obstacles, ils ont réussi
à créer des chrétientés très ferventes, qui ont donné à
l'Église un grand nombre de courageux martyrs. Le reste
de la population est bouddhiste. — La capitale, **Séoul**,
située dans la partie centrale de la presqu'île, a une population de 100 000 à 150 000 habitants.

INDO-CHINE

48. — La grande péninsule de l'Indo-Chine, dont les
divers États, *Annam, Cambodge, Siam* et *Birmanie,*
étaient autrefois vassaux de l'empire chinois, est aujour-
d'hui presque en entier au pouvoir des Européens. Les
Anglais sont maîtres de la *Birmanie.* La France s'est
emparée de la *Cochinchine* et du *Tonkin,* qui faisaient
partie du royaume annamite; et elle a établi son protectorat sur le reste de l'*Annam* et sur le *Cambodge.* Seul

le royaume de Siam, placé entre les convoitises rivales de ces deux puissants voisins, a pu conserver jusqu'ici un semblant d'indépendance.

48 bis. **Indochine française**. — Les protectorats du *Tonkin*, de l'*Annam* et du *Cambodge*, avec la colonie de la *Cochinchine*, constituent l'**Union Indo-chinoise**, à la tête de laquelle est placé un gouverneur général.

	KILOM. CAR.	POPULATION	PAR KIL. C.
Tonkin	100 000	10 000 000	100
Annam.	230 000	6 000 000	26
Cochinchine.	60 000	1 900 000	32
Cambodge	100 000	800 000	8
Totaux.	490 000	18 700 000	38

49. — Le **Tonkin** ou Tong-king, où la France installe péniblement sa domination depuis 1883, est situé dans le bassin intérieur du fleuve Rouge (Song-Coï), dont le cours supérieur appartient à la Chine. Ce fleuve ouvre une importante voie de commerce vers les provinces occidentales du grand empire. La population, intelligente et laborieuse, mais très pauvre, se presse surtout dans le delta du fleuve et dans les plaines du littoral, où elle est arrivée à une très grande densité (200 hab. par kil. c.). Les montagnes de l'ouest sont habitées, comme dans le reste de l'Annam, par des tribus sauvages d'origine laotienne. — Les États annamites, le Tonkin en particulier, renferment un nombre relativement considérable de chrétiens, environ 650 000, avec 10 évêques et 550 prêtres. L'évangélisation suivie de ces contrées date du xviie siècle et n'a jamais été interrompue depuis, malgré la violence des persécutions qui se sont déchaînées contre les fidèles et les missionnaires, surtout dans le cours du xixe siècle, et ont envoyé au ciel des milliers de glorieux martyrs. Mais aucune n'avait fait autant de ravages que celle qui a suivi l'occupation française (1884-1886). Les païens, excités par les mandarins, se ruèrent sur les chrétiens amis de la France, pillèrent et brûlèrent leurs maisons, et égorgèrent tout ce qui leur tomba sous la main.

Les **villes principales** du Tonkin, toutes situées dans le delta du fleuve Rouge, sont : **Hanoï** ou *Kécho* (150 000 h.), l'ancienne capitale du pays; *Nam-Dinh* [1] (50 000 h.), escale très fréquentée par les jonques (barques de commerce); *Haï-phong* (30 000 h.), à l'issue d'une branche septentrionale du delta. Le commerce de cette place est évalué par E. Reclus à environ 20 millions; mais ce chiffre paraît bien exagéré.

50. — On donne aujourd'hui officiellement à la Cochinchine septentrionale le nom d'**Annam**, qui désignait autrefois toute la partie orientale de l'Indo-Chine. Le roi, que la France y a installé après avoir détrôné celui qui nous avait fait la guerre, jouit d'une autorité plus nominale que réelle, sous la surveillance d'un résident supérieur français chargé d'exercer les droits que confère le protectorat. — La capitale est **Hué** (30 000 h.), dont le port n'est accessible qu'aux navires d'un faible tirant.

52. — La **Cochinchine** est située dans le delta du grand fleuve Mékong. La France en a pris possession dans les années 1862 et 1867. C'est la seule de nos colonies qui se suffise à elle-même et ne coûte rien à la métropole. Elle est divisée en quatre provinces ou départements : *Saïgon*, *Mytho*, *Vinh-Long* et *Bassac*. — La capitale, **Saïgon** (65 000 h.), est devenue l'une des plus belles villes de l'Extrême-Orient, et ses monuments publics y sont sans rivaux. Les bateaux des Messageries maritimes de Marseille y abordent deux fois par mois; un câble télégraphique sous-marin la relie à la France par Singapour; un autre la rattache au Tonkin et va se souder aux lignes sibériennes par Hong-Kong et le Japon. — Parmi les autres villes nous citerons : *Cholon* (50 000 h.), grand marché de riz; *Mytho* (15 000 h.), reliée à Saïgon par un chemin de fer, *Bien-Hoa*, *Vinh-Long*, etc.

53. — Le royaume de **Cambodge**, placé sous le protectorat français depuis 1864, est situé au nord de la Cochinchine, dans la vallée du Mékong. Ce fut autrefois

---

[1] La terminaison *nh*, qu'on rencontre souvent dans les noms indo-chinois, se prononce *gne* : **Name-Digne.**

un État florissant, comme l'attestent encore les ruines grandioses des palais et des temples d'Angkor; mais il fut démembré peu à peu par les rois d'Annam et de Siam. C'est

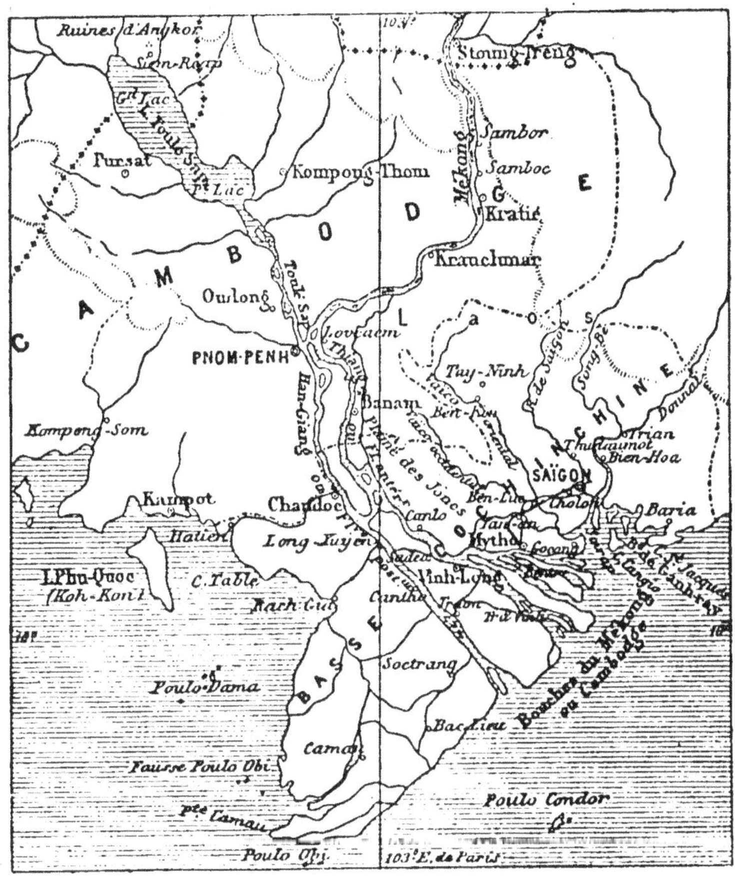

Basse Cochinchine et Cambodge.

pour echapper à la rapacité de ces redoutables voisins que le roi Norodom mit son royaume sous le protectorat français. — La capitale actuelle du Cambodge est *Pnom-Penh* (30000 h.), ville très heureusement située au confluent du Mékong avec le déversoir du grand lac (Tonlé-Sap), et au point de bifurcation des deux principales branches du delta.

54. Siam. — Le royaume de Siam occupe le centre de l'Indo-Chine, et s'étend sur tout le bassin du Meinam; mais la partie cultivée et peuplée se réduit presque exclusivement à la vallée et au delta du fleuve et à la région maritime baignée par le golfe de Siam. Le royaume comprend, outre le **Siam** proprement dit (bas Meinam et pourtour septentrional du golfe), le **Laos siamois**, dans les montagnes du nord; le **Cambodge siamois**, dans le bassin du Mékong, et plusieurs petits royaumes tributaires, dans la **presqu'île de Malacca**. — En 1893, le gouvernement siamois renonça, au profit de la France, à toute prétention sur les pays de la rive gauche du Mékong; la ville laotienne de *Luang-Prabang* et la moitié de la principauté dont elle est la capitale ne fait plus partie du royaume. — Quoique peu considérable (6 à 9 millions d'habitants), **la population** est très mêlée; elle se compose de *Siamois* ou Taï, de *Laotiens*, de *Chinois*, qui ont accaparé le commerce, de *Cambodgiens*, de *Malais* et de tribus sauvages. La capitale, **Bangkok** (400000 h.), sorte de Venise asiatique, bizarrement bâtie sur les eaux du Meinam, traversée par mille canaux qui se croisent en tous sens, est le principal ou, pour mieux dire, l'unique port du royaume. L'ancienne capitale, *Juthia*, détruite par les Birmans en 1767, a jonché le sol de superbes débris qui attestent sa grandeur passée; mais les plus magnifiques encore sont les ruines d'*Angkor-Vat* (Cambodge siamois), qui fut la métropole de l'ancien royaume Kmer: temples grandioses, demeures princières, longues avenues bordées de statues, escaliers gigantesques gardés par des monstres de taille colossale, tout atteste qu'un peuple puissant et ami des arts a passé par là. L'Égypte ne présente rien de plus beau.

La **Birmanie** étant aujourd'hui une simple dépendance de l'empire des Indes, il en sera traité à l'article des possessions anglaises, n° 58.

ASIE ANGLAISE

55. Aperçu historique. — 1° L'Indo-Chine, que nous venons de décrire, se rattache à la Chine par son histoire, ses institutions et ses mœurs, comme par sa situation géographique. L'Inde ou Hindoustan forme, au contraire, un monde à part, nettement séparé du reste de l'Asie par la mer et par les plus hautes montagnes du globe. C'est pourquoi elle a vécu, durant de longs siècles, de sa vie propre et sans relations suivies avec les autres peuples.

2° Pourtant l'Inde, le pays de la splendeur et du luxe, des riches étoffes et des pierreries, excita de bonne heure la convoitise des conquérants. Avant l'époque historique, elle était peuplée de *nègres,* dont quelques tribus (Bhils, Todas, Gonds) habitent encore les montagnes centrales du Dekkan. Environ 2 000 ans avant l'ère chrétienne, les **Aryas** y pénétrèrent par la vallée du Caboul et s'établirent dans les magnifiques plaines de l'Indus et du Gange; l'idiome qu'ils parlaient, et dans lequel ils ont écrit d'admirables chefs-d'œuvre, le *sanscrit,* présente les analogies les plus frappantes avec le grec et le latin. Ils portèrent à un haut degré de perfection la poésie, la philosophie et les beaux-arts. *Alexandre le Grand* ne fit que traverser les contrées baignées par l'Indus; mais des *khalifes arabes,* au VIIIe siècle, et, au XIIe, des *princes afghans,* établirent solidement la domination musulmane dans les provinces du nord-ouest. *Tamerlan* (XIVe siècle) se contenta de les ravager; mais son arrière-petit-fils, le sultan *Baber,* fonda à Delhi l'empire tartare du **Grand-Mogol**, que deux de ses successeurs, *Akbar* (1555-1605) et *Aureng-Zeb* (1660-1707), élevèrent à un incroyable degré de splendeur.

3° Jusqu'à la fin du XVe siècle, l'Inde resta pour l'Europe une région mystérieuse dont les riches productions ne parvenaient en Occident, en petite quantité, que par l'entremise des marchands arabes. L'arrivée de **Vasco de Gama** à Calicut (1498) ouvrit une ère nouvelle; les **Portugais** prirent pied dans le pays et y conservèrent, pendant près d'un siècle, le monopole du commerce. Mais il leur fut ensuite disputé par la France et par l'Angleterre. Les **Anglais** s'établirent, dans le cours du XVIIe siècle, à Bombay, à Madras et dans le Bengale; les Français, à Pondichéry et sur la côte de Coromandel. Au XVIIIe siècle, le gouverneur **Dupleix** assit solidement la domination ou l'influence française sur une grande partie du Dekkan; mais il fut sacrifié à la haine des Anglais, qui quelques années plus tard ne nous laissèrent, au désastreux traité de Paris (1763), que de misérables lambeaux de notre magnifique empire indien. L'Angleterre, débarrassée de ses rivaux, porta ses armes contre le *Grand-Mogol,* qui régnait sur la riche plaine du nord, puis contre les princes *Mahrattes* du Dekkan, coalisés avec le *sultan de Maïssour* et le *Nizam de Golconde;* tous furent vaincus et amenés à composition. D'habiles négociations complétèrent l'œuvre de la force, et aujourd'hui, du pied de l'Himalaya à l'île de Ceylan, on ne trouve plus (à part les petites enclaves restées françaises) que des populations soumises au sceptre anglais. Cependant la terrible révolte des soldats indigènes ou cipayes, en 1857, est une preuve que son autorité est subie, non acceptée, par les Hindous. D'un autre côté, les visées ambitieuses de la Russie, qui vient de franchir en moins d'un demi-siècle près des deux tiers de la distance qui la séparait de l'Inde, constituent une menace permanente pour l'empire anglo-indien ; déjà même les deux colosses, — l'Éléphant et la Baleine, — n'ont-ils pas été, en 1885, sur le point de se heurter sur les hauts plateaux de l'Afghanistan, seule barrière qui les sépare encore ?

56. Population. — 1º L'ensemble des possessions anglaises en Asie occupe une superficie d'environ 5 200 000 kilomètres carrés, et renferme 295 millions d'habitants ; l'Inde (avec la Birmanie) en compte à elle seule près de 290 millions, dont 220 millions sur le territoire britannique et 70 millions dans les États indigènes vassaux de l'empire.

2º Les Hindous appartiennent à plusieurs **races** distinctes que le temps n'a pas fondues ensemble. Quelle différence entre le brahmane, au profil européen, au regard vif, à la physionomie intelligente, aux manières nobles et polies, et les tribus dégradées, de race nègre ou mongole, qui peuplent quelques vallées retirées au centre des montagnes, ou bien encore les êtres misérables qui forment la populace des villes !

Les quatre cinquièmes des Hindous professent le **brahmanisme;** ce sont pour la plupart des gens doux et insouciants par caractère, qui sont toujours prêts à tout croire, qu'aucun miracle n'étonne, qui se courbent devant la force avec un respect si religieux, qu'il leur est arrivé d'adorer les statues des généraux anglais qui s'étaient montrés les plus impitoyables pour eux ; ils sont donc, au fond, demeurés fétichistes. Cependant l'instruction, pour laquelle ils manifestent un goût très prononcé, contribue puissamment à ruiner les anciennes superstitions, mais sans mettre à la place autre chose qu'un vague déisme. Les temples sont moins fréquentés, les pèlerins moins nombreux, les sacrifices humains ne se pratiquent plus en l'honneur de la déesse Kali, et les veuves des castes élevées ne demandent plus à être brûlées vives sur le bûcher de leur époux ; l'indifférence se substitue peu à peu au fanatisme.

Les **mahométans**, au nombre de 50 millions, sont groupés dans les provinces du nord-ouest.

Le **bouddhisme** domine dans la Birmanie, la presqu'île de Malacca et l'île de Ceylan.

Le **christianisme**, qui fut prêché dans l'Inde, d'abord par l'apôtre saint Thomas, puis plus tard (XVIᵉ siècle) par saint François Xavier, compte environ 2 millions d'adhérents, dont 1 500 000 sont *catholiques* et 500 000 *protestants*.

5º **La** population brahmaniste, qui forme, comme nous l'avons dit, les quatre cinquièmes des habitants de l'Inde, est divisée en milliers de **castes** qui se jalousent ou se méprisent les unes les autres. Toutes ces castes se rangent dans quatre groupes principaux : les *brahmanes* (prêtres), les *kchatriyas* (guerriers), les *vaïchiyas* (marchands) et les *soudras* (agriculteurs et artisans). Les plus anciennes paraissent avoir pour origine des différences de races; mais il s'en est fondé depuis et il s'en fonde encore tous les jours qui ne reposent que sur des différences de métier ou de position sociale. Au-dessous, pour ainsi dire, de l'humanité, végètent les misérables « hors caste », connus en Europe sous le nom de *parias,* êtres réputés immondes et plus méprisés que de vils animaux; on les fuit comme la peste, car leur contact ou même leur ombre engendre une souillure qui ne peut s'effacer que par des expiations pénibles et coûteuses. Ajoutons toutefois, pour être vrai, que ces idées et ces mœurs se transforment et s'humanisent peu à peu au souffle de la civilisation chrétienne.

57. Gouvernement. — Grandes divisions. — Le gouvernement général de l'empire indien est confié à un **vice-roi** résidant à Calcutta. Ce haut fonctionnaire est assisté d'un conseil de six membres ordinaires, qui sont tous anglais, et de membres extraordinaires, anglais ou indigènes, qui sont désignés par lui. — **L'armée,** forte de 250 000 hommes, se compose, pour la moitié environ, de soldats indigènes commandés par des officiers anglais; il y a en outre une police militaire indigène de 190 000 hommes.

L'empire comprend le *territoire britannique,* divisé en trois présidences, avec plusieurs autres provinces distinctes, administrées directement par des fonctionnaires anglais; et des *États vassaux,* gouvernés par des princes indigènes, sous la surveillance attentive de résidents anglais. D'autres États, situés sur la frontière, subissent le *protectorat* plus ou moins avoué de l'Angleterre, qui trouve son intérêt à gagner par des subsides la bienveillance de leurs souverains. — Voici l'étendue et la population de l'ensemble de l'empire indien :

	KIL. CAR.	POPULATION	PAR KIL. CAR.
Territoire britannique . .	2 474 000	220 000 000	89
États vassaux et protégés.	2 326 000	70 000 000	30
Empire indien. . . .	4 800 000	290 000 000	60

58. Territoire britannique. — Le territoire britannique, gouverné directement par des agents anglais, se divise en trois présidences : la **présidence du Bengale**, au nord, dans les bassins de l'Iraouaddi, du Brahmapoutra, du Gange et de l'Indus ; la **présidence de Bombay**, sur les côtes de Concan et de Malabar, et la **présidence de Madras**, sur les côtes de Coromandel et d'Orissa. — La **présidence du Bengale**, qui est sous l'autorité directe du vice-roi, comprend la *Birmanie* (bassin de l'Iraouaddi) et l'*Assam* (bassin moyen du Brahmapoutra), administrés par des commissaires en chef ; le *Bengale* (bassins inférieurs du Brahmapoutra et du Gange), l'ancien *royaume d'Aoudh* et les *provinces du nord-ouest* (bassin moyen et supérieur du Gange) ; enfin le *Pandjab* (bassin du Sindh), administrés par des lieutenants gouverneurs.

59. — L'Inde renferme une multitude de **grandes villes** dont beaucoup possèdent des monuments capables de rivaliser avec les plus beaux de l'Europe ; nous nous contenterons de citer les principales.

1º Dans la **Birmanie, Rangoun**, (181 000 h.), le port le plus fréquenté du golfe du Bengale après Calcutta ; **Mandalé** (188 000 h.), dernière capitale de la Birmanie, que les Anglais ont achevé d'annexer en 1885.

2º Dans le **Bengale, Calcutta** (810 000 h., avec les faubourgs), capitale de l'empire, ville malsaine, bâtie au milieu de marécages, sur l'Hougly, l'un des bras du delta du Gange, à 125 kilomètres de son embouchure ; le commerce du port de Calcutta s'élève à 2 milliards de francs ; **Patna** (170 000 h.), sur le Gange, entrepôt d'opium, de blé, d'huile, etc. ; *Dardjiling*, ville de santé, sur une croupe de l'Himalaya, capitale d'été de l'empire indien.

3º Dans les **provinces du nord-ouest**, *Benarès* (220 000 h.), *Mirzapour* (82 000 h.) et *Allahabad* [1] (177 000 h.), sur le Gange. **Benarès**, la ville sainte des Hindous, possède un millier de temples brahmaniques et

---

[1] Les terminaisons *pour*, *abad* et *palam* signifient *ville*.

330 mosquées. **Allahabad** est heureusement située au confluent de la Djumna et du Gange, et à la bifurcation de deux voies ferrées. **Lacknau** ou **Lucknow** (273 000 h.), ancienne capitale du royaume d'Aoudh, garde toujours le sceptre de la mode, de la politesse et du beau langage.

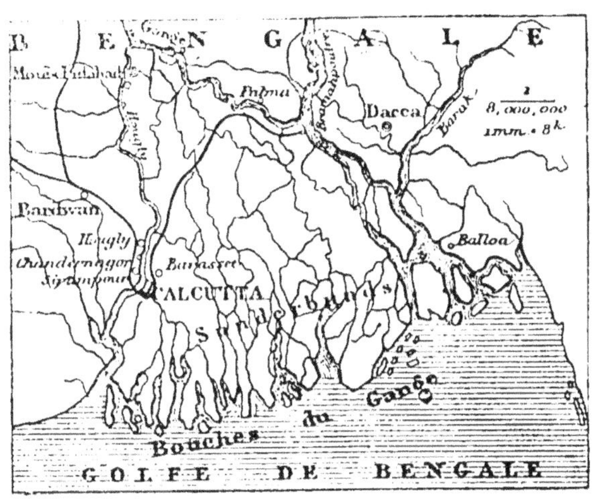

Bouches du Gange.

Agra (169 000 h.), et **Delhi** (192 000 h.), dernière résidence du Grand-Mogol, situées sur la Djumna, sont remarquables par la magnificence de leurs monuments.

4° Dans le **Pandjab**, **Amritsar** (136 000 h.), **Lahore** (177 000 h.), embellie de monuments, de jardins et de fontaines par les Grands-Mogols, qui y résidèrent; *Peschaver* (84 000 h.), poste militaire avancé, d'où une forte garnison surveille le défilé de Kaïber.

60. — 5° Dans la **présidence de Bombay**, *Haïderabad* (58 000 h.), sur l'Indus, ancienne capitale des Amirs du Sindh; *Karatchi*, port de commerce très fréquenté; **Ahmedabad** (150 000 h.), métropole du Goudjérat, une des villes indiennes les plus riches en monuments; **Surate** (110 000 h.), ville déchue, qui comptait près de 1 million d'habitants à la fin du XVIIIe siècle; **Bombay** (822 000 h.), cité maussade et mal bâtie, située dans une île charmante, qu'une chaussée artificielle rattache à la côte de Konkan. Son port, qui ne le cède guère à celui de Calcutta pour le chiffre des affaires, exporte surtout du coton, du blé et de l'opium. On admire, dans l'île voisine d'Éléphanta, de superbes temples souterrains. Le Dekkan en renferme d'ailleurs un grand nombre; ceux d'*Ellora* sont d'une richesse et d'une magnificence inouïes.

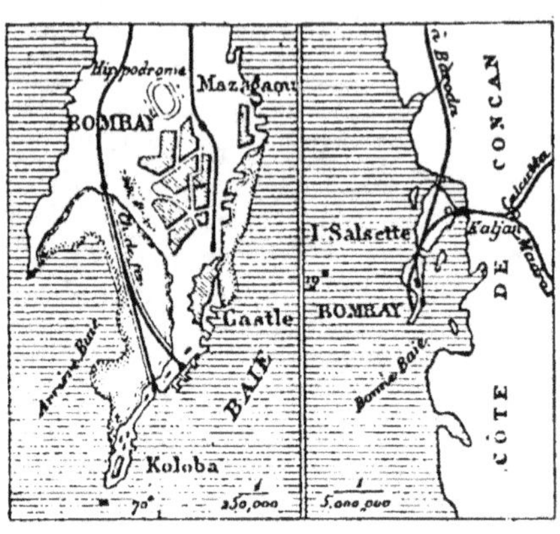

Bombay.

Pouna (160 000 h.), dans les Ghâtes, est la capitale d'été de la présidence.

6° Dans la **présidence de Madras**, les deux ports de *Calicut* (25 000 h.) et de *Cochin* (20 000 h.), sur la côte de Malabar; **Madras** (450 000 h.), chef-lieu de la présidence, mauvais port artificiel sur la côte de Coromandel, et principal marché de l'Inde pour le trafic des pierres précieuses et des perles.

7° Dans les **provinces centrales**, **Nagpour** (120 000 h.), ville principale du pays des Ghonds, ancienne capitale des princes Mahrattes.

61. États vassaux. — Les petites principautés vassales se comptent par centaines dans *Radjastan* ou *Radjpoutana*, le *Bandelkand*, l'*Himalaya*, le *Pandjab* et le *Goudjérat*, la plupart enclavées les unes dans les autres, et toutes dans le territoire britannique. Mais les seuls souverains indigènes dont les États présentent une réelle importance sont le *Maharadjah du Maïssour*, le *Nizam d'Haïderabad*, les *princes Mahrattes Sindia et Holkar du Malwa* et le *Gaïkovar de Baroda*.

Les **villes principales** des pays vassaux de l'empire indien sont :

1° Dans le **Maïssour** (Mysore), *Maïssour* (74 000 h.), capitale de l'État, et **Bangalore** (180 000 h.), ville renommée pour sa salubrité. Les Anglais y ont établi leur principal cantonnement militaire ;

2° Dans l'**État du Nizam** (ancien royaume de Golconde), **Haïderabad** (415 000 h.), opulente capitale d'un pays misérable ;

3° Dans le **Malwa**, ou Inde centrale, *Indore* (90 000 h.), capitale du Maharadjah-Holkar, et *Oudjein* (100 000 h.), ancienne capitale du Maharadjah-Sindhia ;

4° Enfin **Baroda** (120 000 h.), résidence du Gaïkovar (Guycawar), l'un des plus fastueux monarques de l'Inde.

62. États protégés. — Trois États, le *Boutan*, le *Népaul* et le *Cachemire*, situés dans la chaîne de l'Himalaya, sont soumis au protectorat anglais.

Le **Boutan** (750 000 h.) a pour chef-lieu **Tassisoudon.**

La capitale du **Népaul** (2 500 000 h.) est **Katmandou** (70 000 h.), grand marché agricole approvisionné de denrées excellentes. *Patan* (40 000 h.), l'ancienne capitale, possède des monuments d'une merveilleuse beauté.

Le royaume de **Cachemire** (3 millions d'hab.), auquel se rattache le *Ladak* ou petit Thibet, a pour capitale **Srinagar** (118 000 h.), ville renommée pour ses châles en duvet de chèvre et pour son essence de roses.

L'*Afghanistan*, le *Béloutchistan* et l'*Oman*, dont il sera traité plus loin, sont aussi placés sous le protectorat plus ou moins déguisé de l'Angleterre.

63. Colonies anglaises d'Asie en dehors de l'Inde. — Outre l'Hindoustan, auquel se rattachent administrativement les îles *Maldives, Laquedives, Andaman* et *Nicobar*, les Anglais possèdent en Asie :

1° La grande **île de Ceylan** (64 000 kil. c., 3 millions d'hab.), renommée pour la richesse incomparable de sa végétation et pour ses pierres précieuses, rubis, saphirs, grenats, topazes, qu'on ne trouve nulle part ailleurs en aussi grande quantité. Les villes principales sont : *Djaffna*

(40 000 h.), qui a plutôt l'apparence d'un immense jardin que d'une ville; **Colombo** (110 000 h.), aujourd'hui pourvue d'un bon port artificiel, qui a supplanté *Pointe-de-Galles* (52 000 h.) comme lieu de relâche obligé pour les navires qui font le service de l'Extrème-Orient;

2° Plusieurs **possessions isolées** qui gardent la route des Indes : telles sont l'île de *Chypre* dans la Méditerranée; à l'entrée de la mer Rouge, l'îlot fortifié de *Périm*, dans le détroit de Babel-Mandeb, et la forteresse d'*Aden*, sur la côte de l'Arabie; les **établissements du détroit de Malacca**,

Détroit de Malacca.

(*Straits Settlements*), *Poulo-pinang*, *Malacca* et la grande ville cosmopolite et très commerçante de **Singapour** (150 000 h.); l'île de *Hong-Kong,* en face de Canton; et enfin l'île *Labouan* et la partie septentrionale de *Bornéo,* qui, bien que situées en Océanie, doivent être regardées comme des dépendances naturelles de l'Asie anglaise.

SUPERFICIE ET POPULATION DES POSSESSIONS ANGLAISES EN ASIE

PAYS	Kilom. car.	Habitants.	Par kil. c.
Chypre.	9 600	210 000	21
Inde. . . . . { Territoire britannique. . .	2 474 000	220 000 000	89
{ États vassaux.	2 326 000	70 000 000	30
Béloutchistan et territoires afghans (prot.)	400 000	400 000	1
Ceylan.	64 000	3 000 000	46
Iles Andaman et Nicobar.	8 200	12 000	1,4
Presqu'île { Établissements du détroit.	4 000	568 000	142
de Malacca. { Protectorats	86 000	581 000	7
Hong-kong	79	195 000	—
Bornéo septentrionale, Bruneï, Sarawak.	207 500	570 000	2,7
Labouan.	78	6 000	75
Aden et Périm.	181	42 000	231
Autres possess. (Maldives, Bareïn, etc.).	8 000	100 000	—
Total (en chiffres ronds). . .	5 230 000	295 000 000	56

ASIE OCCIDENTALE
OU MUSULMANE

64. Vue d'ensemble. — L'Asie musulmane ou Asie occidentale comprend la série des *plateaux qui se groupent autour du golfe Persique et des plaines basses du Tigre et de l'Euphrate*. Cette double dépression sépare les hautes terres en deux moitiés distinctes, qui·se soudent ensemble dans le massif des monts d'Arménie.

Nulle région n'a joué un rôle aussi considérable dans les destinées du monde et ne rappelle de plus glorieux souvenirs. C'est là probablement que fut le berceau de l'humanité naissante et le premier foyer d'où la civilisation rayonna sur notre Occident. Là vécut le peuple juif, gardien des vérités éternelles, et héritier des promesses divines faites aux patriarches. Là Notre-Seigneur Jésus-Christ, l'Homme-Dieu, souffrit et mourut pour expier le péché. C'est de là aussi que les hordes musulmanes, fanatisées par Mahomet, s'élancèrent à la conquête du monde; l'islamisme y règne depuis un millier d'années.

Ces pays, où fleurirent les puissants empires des Assyriens, des Mèdes et des Perses, où s'élevèrent tant de cités fameuses, Ninive et Babylone, Troie chantée par Homère, la commerçante Tyr et la superbe Antioche, etc., sont tombés dans une décadence complète. Non seulement les villes ont été détruites, mais le sol, jadis si fécond, sur lequel se pressaient autrefois d'innombrables multitudes, s'est tellement appauvri, qu'il peut à peine aujourd'hui nourrir ses rares habitants. Les riches cultures, systématiquement abandonnées par l'incurie musulmane, ont fait place à l'aride désert; de sorte que, sur une étendue (près de 7 millions de kilomètres carrés) presque égale à celle de l'Europe, on ne compte que de 30 à 35 millions d'habitants, soit à peu près 5 habitants par kilomètre carré. — Un grand nombre d'entre eux sont des pasteurs nomades (bédouins), réunis en tribus et à peu près indépendants. La plupart sont *mahométans*. On trouve pourtant un certain nombre de *chrétiens* dans l'Arménie, l'Asie Mineure et surtout la Syrie.

L'Asie musulmane se divise en cinq contrées principales :

	KILOM. CAR.	POPULATION [1]
Afghanistan.	740 000	3 à 5 millions.
Béloutchistan. . . .	275 000	$\frac{1}{2}$ à 2 »
Perse.	1 650 000	7 à 10 »
Turquie d'Asie. . .	1 240 000	15 »
Arabie	2 800 000	4 à 6 »

[1] Les pays musulmans n'ayant pas de recensement, l'évaluation des populations ne peut être qu'une simple approximation, qui varie beaucoup suivant les auteurs.

65. Afghanistan. — L'Afghanistan, pays élevé et montagneux, est une région de passage entre les plaines de l'Inde anglaise et celles du Turkestan russe, par la *vallée du Caboul*, affluent de l'Indus, et le *col de Bamian*. L'émir qui le gouverne est protégé et subventionné par l'Angleterre, mais il n'a qu'une autorité précaire sur ses prétendus sujets, qui sont groupés en tribus nomades à peu près indépendantes. — Les **villes principales** sont : **Caboul** (75000), la capitale, située au centre d'une plaine fertile, dont le climat est délicieux ; *Kandahar* (60000 h.), cité commerçante ; *Hérat* (50000 h.), surnommée la porte de l'Inde et la perle du Khorassan, ville très ancienne, aujourd'hui à demi ruinée, mais riche encore de son industrie et des produits agricoles de ses environs.

66. Béloutchistan. — Le Béloutchistan est un pays montagneux, pauvre et presque désert, dont les Anglais sont les maîtres par la garnison qu'ils entretiennent dans la forteresse de *Quettah*, et par les subsides qu'ils fournissent au khan. *Kélat* (12000 h.) est la capitale du khanat.

67. PERSE. — La Perse ou Iran est bornée au nord par la Russie, et confine au sud-est à l'empire anglo-indien par l'Afghanistan et le Béloutchistan. Ainsi pressé entre les Russes et les Anglais, le *schah* de Perse ne jouit que d'une indépendance nominale, obligé d'obéir à l'une ou à l'autre des deux puissances rivales. — Le centre de la Perse est un *désert* à peu près inhabité ; la population se groupe sur le pourtour du pays, à l'ouest, au nord-ouest et au nord ; elle est assez dense dans les deux provinces du *Mazandéran* et du *Ghilan,* situées entre la crête de l'Elbourz et la mer Caspienne. — Les *Persans* sont généralement bien faits, intelligents et d'une exquise politesse, mais légers, superficiels et inférieurs en courage à leurs voisins, les *Turcomans* des plaines de l'est et les *Kourdes* des montagnes de l'ouest. La plupart sont *musulmans schiites ;* mais on trouve parmi eux beaucoup d'indifférents et de sceptiques.

68. — Les **villes principales** de la Perse sont :
1° A l'est et au **centre**, *Kirman* (45000 h.), renommée pour ses châles et ses tapis ; *Yezd* (40000 h.), dans une oasis du désert, principal centre, en Perse, des

Guèbres ou adorateurs du feu ; *Mèched* (80 000), chef-lieu du **Khorassan**, ville sainte des musulmans, dans laquelle 100 000 pèlerins viennent chaque année vénérer le tombeau d'un iman fameux ;

2º Au **nord-ouest**, *Recht* (40 000 h.), sur la mer Caspienne, entrepôt des soies grèges de la province du **Ghilan** ; **Tauris** ou Tebriz (180 000 h.), chef-lieu de l'**Aderbeidjan**, la première ville du royaume pour l'industrie et le commerce ; *Ourmiah* (30 000 h.), près de son lac salé ;

3º A l'**ouest**, dans l'**Irak-Adjémi**, **Téhéran** (200 000 h.), capitale de la Perse, divisée en deux parties, le quartier oriental, sale, misérable et malsain, et le quartier européen, élégant et confortable ; *Hamadan* (35 000 h.), l'ancienne Ecbatane, au pied du mont Elvend ; *Ispahan* (90 000 h.), l'ancienne capitale, cité en ruine, mais toujours remarquable par les beaux restes de ses monuments ;

4º Au **sud-ouest**, *Chiraz* (30 000 h.), chef-lieu du **Farsistan**, patrie des deux grands poètes persans Hafiz et Saadi, renommée pour ses vins et son eau de roses, entrepôt des marchandises de l'intérieur, qu'elle expédie par *Bouchir* (30 000 h.), le principal port de la Perse, sur le golfe Persique.

69 Turquie d'Asie. — La Turquie d'Asie, située entre la Perse et la Méditerranée, comprend la *Mésopotamie*, le *Kourdistan* et l'*Arménie*, qui confinent à la Perse, la presqu'île de l'*Asie Mineure*, à laquelle se rattachent un grand nombre d'îles, *Lesbos*, *Chio ; Samos*, qui est constituée en principauté vassale ; *Rhodes ; Chypre*, possession turque administrée par les Anglais moyennant une redevance annuelle ; enfin la *Syrie* et la *Palestine*. Les Turcs possèdent de plus en *Arabie* les provinces baignées par la mer Rouge.

70. — Les **villes principales** de la Turquie d'Asie sont :

1º Dans la **Mésopotamie inférieure** ou **Irack-Arabi**, *Bassora* (20 000 h.), port sur le Chatt-el-Arab, au milieu d'immenses plantations de dattiers; *Bagdad* (60 000 h.), renommée pour ses fruits, ses chevaux et ses ânes, port très commerçant sur le Tigre;

2º Dans la **Mésopotamie supérieure** ou **El-Djésiré**, *Mossoul* (40 000 h.), sur la rive droite du Tigre, en face de l'emplacement de Ninive, qui occupe sur la rive opposée une immense étendue; *Ourfa* (40 000 h.), l'ancienne Édesse des Croisés, importante station de caravanes sur la route de Mossoul;

3º Dans le **Kourdistan**, *Diarbékir* (40 000 h.), sur le Tigre, ville industrielle, qui fabrique des soieries, des cotonnades et des draps;

4º Dans l'**Arménie**, *Erzéroum* (50 000 h.), séjour charmant en été, mais couverte de neige en hiver durant près de six mois; *Van* (30 000 h.), au bord de son lac, entouré de délicieux jardins; *Trébizonde* (32 000 h.), l'un des ports les plus fréquentés de la mer Noire, ancienne capitale de l'empire des Comnènes;

71. — 5º Dans l'**Asie Mineure**, (**A**) à l'intérieur, *Tokat* (25 000 h.), qui possède une fonderie de cuivre; *Kaïsarich* (60 000 h.), l'ancienne Césarée-Mazaca, au pied du mont Argée; *Amasie* (30 000 h.), ancienne capitale de la province du Pont; *Angora* (40 000 h.), l'ancienne Ancyre, capitale de la Galatie, célèbre dans l'histoire par la victoire de Tamerlan sur Bajazet, renommée aujourd'hui pour le poil soyeux de ses chèvres, de ses lapins et de ses chats; *Afium Kara-Hissar* (le vieux château de l'opium (42 000 h.), qui doit son nom aux champs de pavots de environs; — (**B**) **sur le littoral**, *Scutari*, faubourg asiatique et nécropole de Constantinople; **Smyrne** (225 000 h.), le principal port de la Turquie d'Asie;

6º Dans la **Syrie**, les **ports** d'*Antakieh* (20 000 h.), l'ancienne Antioche, sur le bas Oronte, et de *Latakieh* (14 000 h.), connu pour son tabac très fort; ceux de *Tripoli* (20 000 h.) et de *Beyrout* (80 000 h.), qui exportent des soies grèges, des éponges fines, des fruits et les « vins d'or » du Liban; Beyrout possède une université catholique, dirigée par des Jésuites français; — **dans l'intérieur,** *Alep* (70 000 h.), principale place de commerce de la Syrie septentrionale; *Hama* (40 000 hab.) et *Homs* (30 000 hab.), l'ancienne Émèse, situées toutes les deux sur le haut Oronte; enfin **Damas** (150 000 h.), l'une des plus anciennes villes du monde, puisqu'elle existait déjà au temps d'Abraham; elle est située aux portes du désert, dans une plaine fertile et bien arrosée, où l'air est constamment embaumé par les fleurs des jardins et des bosquets d'orangers; .

72. — 7° Dans la **Palestine, Jérusalem,** la cité sainte, l'ancienne capitale du peuple de Dieu; cette ville a de

80 000 à 90 000 habitants, dont 60 000 Juifs et 10 000 chrétiens. Des milliers de pèlerins y affluent chaque année, surtout à l'époque des fêtes de Pâques. **L'itinéraire des pèlerins français** est habituellement tracé de la manière suivante : débarqués à *Haïfa*, au pied du mont *Carmel*, on gagne la jolie ville de *Nazareth*, où Notre-Seigneur Jésus-Christ vécut jusqu'à l'âge de trente ans, et le *lac de Tibériade*, qui fut tant de fois témoin de ses miracles; de là, la pieuse caravane se dirige vers *Naplouse* (12 000 h.), l'ancienne Sichem, où les Samaritains gardent religieusement le plus vieil exemplaire connu des cinq livres de Moïse (Pentateuque). Après avoir parcouru, à Jérusalem, la *voie Douloureuse* et fait leurs dévotions au *Saint Sépulcre,* ils visitent dans les environs le *jardin de*

Gethsémani, qui fut témoin de l'agonie de l'Homme-Dieu ; le *mont des Oliviers*, d'où il s'éleva au ciel ; *Bethléem*, où il est né. Quelques-uns poussent leur excursion jusqu'au *Jourdain* et à la *mer Morte* ; un petit nombre s'avancent jusqu'à *El-Khalil* (10 000 h.), l'ancienne Hébron, où, d'après la tradition, reposent les corps des trois patriarches Abraham, Isaac et Jacob, avec ceux de leurs épouses. Le pèlerinage terminé, tous vont s'embarquer au port de *Jaffa* (12 000 h.), qui est relié à Jérusalem par un chemin de fer.

73. Arabie. — L'Arabie ne forme pas un tout politique, mais se compose de plusieurs parties séparées, dont les unes (*Arabie Pétrée*, *Hedjaz* et *Yémen*) sont soumises aux Turcs ; les autres (*Hadramaout*, *Oman*, *Nedjed*, *Chammar*) forment des États plus ou moins indépendants.

Les **villes principales** de l'Arabie sont :

1° Dans l'**Hedjaz**, *Médine* (13 000 h.), qui offrit un asile à Mahomet dans sa fuite et possède son tombeau ; **la Mecque** (45 000 h.), la patrie de Mahomet, la ville sainte des musulmans, vers laquelle ils se tournent cinq fois par jour, de tous les points du globe, pour réciter la prière ; d'innombrables pèlerins y accourent chaque année de toutes les parties du monde musulman pour y faire sept fois en courant le tour de la Kaaba, baiser pieusement la fameuse pierre noire, boire l'eau de la fontaine Zemzem, enfin prier et offrir un sacrifice sur le mont Arafat ; *Djedda*, port de la Mecque, ville commerçante ; — dans l'**Yémen**, *Sana* (40 000 h.), sur un plateau élevé, une des plus jolies villes de l'Orient ; *Hodéida* (25 000 h.) et *Moka*, ports d'exportation du café ;

2° Dans les **États indépendants**, *Mascate*, capitale de l'**Oman**, dont le sultan est pensionnaire des Anglais ; *Riad* (30 000 h.), capitale des **Wahabites du Nedjed**, place forte, dont la population est presque exclusivement militaire ; — *Haïl* (20 000 h.), résidence de l'émir du **Chammar**.

3° Les Anglais ont acquis sur la côte méridionale de l'Arabie la ville fortifiée d'**Aden** (30 000 h.), port de relâche très fréquenté à l'entrée de la mer Rouge.

POSSESSIONS EUROPÉENNES

74. — Les possessions européennes ayant été précédemment décrites à leur place naturelle, nous n'y revenons ici que pour en présenter la tableau comparatif et indiquer les numéros où on en trouvera la description.

	KIL. CAR.	POPULATION	PAR KIL. CAR
Possessions russes	15 496 000	18 843 000	1
— anglaises. . .	5 230 000	295 000 000	56
— françaises . .	490 000	18 974 000	39
— portugaises .	20 000	880 000	44
Total.	21 236 000	333 697 000	

1° On voit par ce tableau que deux peuples européens, les Russes et les Anglais, ont en Asie une situation tout tout à fait exceptionelle.

Les **Russes** occupent d'immenses terrritoires: la **Caucasie** (n⁰ˢ 11, 30, 31, 75 1°, 79 et 83), le **Turkestan** (n⁰ˢ 16, 32, 33, 75 2°, 79 et 83) et la **Sibérie** (n⁰ˢ 3, 13, 16, 34, 35, 75 3°, 79 et 83). Mais, dans ces 17 millions de kilomètres carrés sur lesquels s'étend leur empire, on fait entrer, non seulement les toundras glacées et les landes stériles de la Sibérie septentrionale, mais encore les espaces occupés par les eaux de la Caspienne, de l'Aral, du Balkach et du Baïkal; le reste est très faiblement peuplé, puisque la densité de la population y est inférieure à *un* habitant par kilomètre carré. Toutefois l'Asie russe renferme de vastes contrées qui n'attendent que le travail de l'homme pour produire d'aussi belles moissons que les plus riches pays de l'Europe occidentale. La colonisation en sera d'autant plus facile que le climat n'est pas très sensiblement différent de celui de la Russie.

2º Tout autre est l'**empire anglais des Indes** (nᵒˢ 5, 7 1º, 10 7º, 14, 20, 55-62, 77, 85 3º), avec ses *annexes* (nº 63). Le sol cultivable y est presque partout mis en valeur, et il renferme le sixième des habitants du globe. Mais la domination des Anglais sur leurs possessions d'Asie est bien moins solidement établie que celle des Russes; l'empire de ceux-ci, moitié européen, moitié asiatique, est d'un seul tenant, tandis que plusieurs milliers de lieues séparent l'Hindoustan de la Grande-Bretagne. En second lieu, l'Inde n'est pas une colonie de peuplement : les Européens ne peuvent y vivre; c'est un pays d'exploitation, où la métropole n'est représentée que par des employés et des soldats, avec un petit nombre d'industriels et de commerçants.

3º Il faut en dire autant des **colonies françaises**, **Tonkin, Annam, Cochinchine, Cambodge** (nᵒˢ 19, 48-53, 76 3º, 80 2º, 85 1º) et **petits établissements de l'Inde.** — Ces derniers se composent des cinq villes maritimes suivantes : *Mahé*, sur la côte de Malabar; *Karikal* et *Pondichéry*, sur la côte de Coromandel; *Yanaon*, sur la côte d'Orissa; et *Chandernagor*, sur un bras du delta du Gange, à peu de distance en amont de Calcutta (ensemble 508 kilom. car., 285 000 h.). Le chef-lieu est *Pondichéry* (40 000 h.), port de commerce sur une mauvaise rade. — L'ensemble de ces diverses possessions présente une étendue égale à celle de la France, avec une population supérieure à celle de l'Asie russe, mais quinze fois moindre que celle de l'Asie anglaise.

4º Le **Portugal**, qui eut la gloire de découvrir les plus riches contrées de l'Asie méridionale et orientale, n'y possède plus que de petites enclaves sans importance : *Goa*, sur la mer d'Oman (Hindoustan), et *Macao* (70 000 h.), à l'embouchure du Si-kiang (Chine).

GÉOGRAPHIE ÉCONOMIQUE

§ I. — ASIE RUSSE

75. Agriculture. — 1° L'agriculture est généralement peu développée dans l'Asie russe; le sol et le climat ne s'y prêtent d'ailleurs que médiocrement, sauf dans la Caucasie et dans quelques vallées fertiles du Turkestan. — Les montagnes de la **Caucasie** sont couvertes de *forêts;* de beaux *arbres fruitiers* s'étagent sur les coteaux; la *vigne* y donne un vin plein de feu; il y a beaucoup de *mûriers*, qui nourrissent des vers à soie; mais la sériciculture y est en décadence. Les vallées produisent en abondance des **céréales** de toute sorte, surtout du *blé*, du *maïs* et de l'*orge*.

2° Les steppes du **Turkestan** et de la **Sibérie occidentale** nourrissent d'innombrables **troupeaux**. La principale et presque l'unique richesse des Kirghis, qui parcourent, au nombre de 2 millions environ, l'immense steppe compris entre le cours inférieur de l'Oural et le cours supérieur de l'Irtych, consiste en *chevaux*, *chameaux*, *moutons* et *ânes*. Quelques régions bien arrosées du Turkestan, comme la vallée du Zérafchan et la province de Ferghana, produisent quelques *céréales* et des *fruits* excellents. On récolte beaucoup de *coton* dans le khanat de Bokhara et près de 1 million de kilogrammes de *soie*.

3° A part quelques troupeaux de *rennes*, les peuplades, qui habitent la **Sibérie orientale et septentrionale** n'ont d'autre ressource que la *chasse* et la *pêche*. Du reste, la pêche du *saumon* et de l'*esturgeon* est pratiquée par les Russes sur une grande échelle aux embouchures de l'Obi, du Volga et du Kour. Les *champignons* entrent pour une assez large part dans l'alimentation des Sibériens. La

Sibérie méridionale possède des terrains fertiles et très susceptibles de culture.

76. Industrie. — A part la *distillation* des fruits et des pommes de terre, pratiquée un peu partout, et le *filage* de la soie, propre à la Caucasie et au Turkestan, il n'y a pour ainsi dire pas d'*industrie manufacturière* dans la Russie d'Asie. — L'**industrie minière** y est plus florissante. On exploite dans la **Caucasie** des mines de *manganèse*, de *soufre*, de *plomb argentifère* et surtout de **cuivre**. La production du **pétrole**, à Bakou et aux environs, s'est développée d'une manière prodigieuse depuis 1871, date du premier forage; elle dépasse aujourd'hui quatre millions de tonnes. — En **Sibérie**, les mines de l'Oural, de l'Altaï et les lavages de l'Iénisséï produisent de l'*or* (40000 kilogrammes par an); on retire pour environ 3 millions d'*argent* des mines de la Transbaïkalie. Le **fer** de l'Oural est exploité sur une très grande échelle dans le district d'Iékatérinbourg; c'est un des meilleurs qu'on connaisse. L'*ivoire fossile*, recueilli dans les toundras de la Sibérie septentrionale, est encore à ranger parmi les productions minières du pays. Il y a des mines de *houille* en Sibérie, mais elles sont inexploitées.

77. Commerce. — Le commerce extérieur de la Russie d'Asie est d'environ 120 millions de roubles[1], soit à peu près 300 à 325 millions de francs; l'exportation y figure pour les deux tiers. — La **Caucasie** exporte surtout du **pétrole**, des *grains*, des *vins*, de la *laine*, de la *soie* et du *manganèse;* — le **Turkestan**, du *coton* et de la *soie;* — la **Sibérie**, des *fourrures*, de l'*ivoire fossile*, du **fer** et de l'**or**. — Quant au commerce de la Russie avec la Chine, par Kiakhta, il a considérablement diminué; le *thé*, qui en formait le principal article, prend aujourd'hui les voies maritimes, de préférence à la longue route sibérienne.

78. Voies de communication. — L'Asie russe est jusqu'ici mal pourvue de voies de communication, sauf

---

[1] La valeur du rouble-argent est de 4 fr.; celle du rouble-papier, le seul en usage, oscille entre 2 fr. 50 et 2 fr. 80; elle est même tombée à 2 fr.

2*

dans la **Caucasie,** dont la partie septentrionale est rattachée aux **chemins de fer** de l'empire par une ligne qui aboutit à Vladicaucase. Une autre ligne traverse la Transcaucasie, de Batoum et Poti, sur la mer Noire, à Bakou, sur la Caspienne, en suivant les vallées du Rioni et du Kour.

Le **Turkestan** est maintenant pourvu d'une grande ligne stratégique, qui part du bord oriental de la Caspienne et gagne Samarcande par Askabad, Merv, Tchárdjoui et Bokhara; elle a été construite avec une rapidité qui tient du prodige, à raison de 4 kilomètres par jour.

La **Sibérie** aurait dans ses grands fleuves d'excellentes voies naturelles, s'ils n'étaient pas gelés la majeure partie de l'année. D'ailleurs ils traversent des pays sans agriculture et sans industrie. Plusieurs tentatives ont été faites pour remonter l'Obi jusqu'aux districts relativement peuplés du bassin méridional; elles ont toutes échoué. L'Amour porte pourtant une petite flottille de bateaux à vapeur. Un *chemin de fer transsibérien*, allant de Tioumen, dans la région de l'Oural, à Vladivostock, sur le Pacifique, par Tomsk et Irkoutsk, est en voie d'exécution.

§ II. — ASIE ORIENTALE

79. Agriculture. — 1° La **Chine** ne possède ni *forêts* ni *prairies;* tout le sol arable y est défriché et ensemencé. Aucun peuple n'apporte aux travaux des champs un soin plus persévérant, plus actif et plus industrieux que les Chinois. Le **riz**, qui forme presque partout la base de l'alimentation, est récolté en quantité suffisante pour les besoins des habitants. Le *blé* est cultivé dans les provinces de l'ouest; la *canne à sucre* et le *coton*, dans celles de l'est et du sud; le *maïs*, le *millet* et le *sorgho*, au nord et au centre. Le **thé** et la **soie** sont à ranger parmi les principales productions agricoles de la Chine. Malgré les édits impériaux, le *pavot à opium* est maintenant cultivé dans presque toutes les provinces du Céleste Empire, de sorte que, dans un avenir prochain, les Chinois n'auront plus besoin, pour s'empoisonner, de subir le coûteux monopole des Anglais. — La **Mongolie** et le **Thibet** cultivent en petite quantité le *sorgho* et la *rhubarbe*. La principale richesse de ces deux pays consiste en **troupeaux**.

2° Le **Japon**, fertile et bien cultivé dans les trois grandes îles centrales, produit du **riz**, du *blé*, de l'*orge* et des *patates*, avec du *coton*, de la **soie** et de beaux *vernis*. — La pêche de la *morue* est abondante sur les côtes.

3° L'**Indo-Chine** est couverte presque en entier de belles **forêts** encore inexploitées, sauf les *bois de teck*, recherchés pour les constructions navales. Les plaines basses du littoral et les deltas des fleuves, qui sont à peu près les seuls endroits cultivés, produisent du **riz**, du *coton*, du *sucre*, du *tabac* et du *poivre*. — La *pêche* du Grand-Lac (Tonlé-Sap) du Cambodge est extrèmement abondante.

80. Industrie. — 1° En **Chine** et au **Japon**, l'**industrie manufacturière**, quoique stationnaire depuis de longs siècles, est encore aujourd'hui renommée pour ses produits de luxe, *bronzes*, *laques*, *porcelaines*, *riches soieries*, *papier*. — L'**industrie minière** est presque nulle en Chine, et les gisements extrèmement abondants de *houille*, de *fer* et de *cuivre*, que renferme l'empire, sont à peu près intacts. Les *salines* du Ssetchouan sont cependant l'objet d'une exploitation active. — Le Japon produit du *cuivre* en assez grande quantité.

2° L'**Indo-Chine** ne fabrique presque aucun article d'exportation et reçoit de l'étranger la plupart des objets fabriqués dont elle a besoin.

81. Commerce. — Le commerce extérieur de la **Chine** est relativement peu considérable, puisqu'il n'atteindrait pas une valeur de 1500 millions, d'après le relevé des douanes. Le chiffre de l'**importation** dépasse d'environ 200 millions celui de l'**exportation**. Celle-ci consiste principalement en **soie** et *soieries* (160 millions), **thé** (150 millions), *coton*, etc. — Les principaux articles d'**importation** sont des **tissus et filés de coton** (310 millions), de l'**opium** (160 millions), du *riz*, du *pétrole*, des *lainages*, etc.

2° Le commerce du **Japon** dépasse 700 millions. Les principaux articles d'**exportation** sont la **soie** et les *soieries* (180 millions), le *thé*, le *riz*, le *cuivre*, la *houille*.

3° Le commerce de l'**Indo-Chine française** s'élève actuellement à 160 millions environ, dont 120 millions pour la *Cochinchine* seule. L'exportation, qui atteint près de 100 millions, consiste principalement en **riz** (75 millions), *poisson*, *poivre*, *sucre*, *soie*, etc. — Les principaux articles d'**importation** sont des *denrées alimentaires*, à l'usage des soldats et des employés français, de l'*opium* et des *tissus*, destinés aux indigènes.

4° Le commerce du royaume de **Siam** est d'environ 100 millions. Les principaux articles d'**exportation** (50 millions et demi) sont le **riz** (35 millions), le *bois de teck*, le *poivre* et le *poisson*.

82. Voies de communication. — 1° En **Chine**, à part les grandes *routes impériales*, qui relient les chefs-lieux des diverses provinces avec la capitale et qui sont, pour la plupart, fort mal entretenues, les *chemins* ne sont que d'étroits sentiers. Les transports intérieurs se font, en grande partie, par les fleuves, le **Yang-tsé-kiang** principalement, sur lequel la navigation est extrèmement active; et par le **grand canal impérial**, qui, partant de Tien-tsin, sur le Peïho, traverse les provinces orientales sur une longueur de près de 500 lieues, et coupe le Hoang-ho et le Yang-tsé; sa largeur varie de 60 à 300 mètres. Cette œuvre magnifique, créée pour approvisionner Pékin des riz du midi, a été fortement endommagée par les débordements du fleuve Jaune, et pas une barque ne pourrait suivre le canal sur tout son parcours. — Les *chemins de fer* existent à peine à l'état de projets; mais plusieurs *lignes télégraphiques* relient à la capitale les chefs-lieux des provinces.

2° Le **Japon** est mieux partagé : on y trouve de belles *routes*, plusieurs lignes de *chemins de fer* (3000 kilom.) et de nombreuses *lignes télégraphiques* (14000 kilom.).

3° L'**Indo-Chine** possède quelques *routes;* il y a même des *chemins de fer* au Tonkin, en Cochinchine et à Siam; mais les voies de communication les plus usitées sont toujours les *fleuves* et les *rivières* : des services de bateaux à vapeurs sont établis sur le Song-Coï, le Mékong et le Meinam.

III. — INDE ANGLAISE

83. Agriculture. — L'Hindoustan est un pays essentiellement agricole, bien qu'un tiers seulement de son immense surface soit en culture. Les neuf dixièmes des Hindous vivent du travail des champs; mais la plupart sont de misérables petits fermiers au service de grands propriétaires. — Les principaux produits agricoles sont, en premier lieu, les **céréales, blé, riz** et *millet*, puis l'**opium**, le *tabac*, le *jute*, le *coton*, l'*indigo*, etc. Trois autres cultures, récemment introduites, commencent à donner de bons résultats : ce sont celles du *thé*, dans l'Assam; du *café* et du *quinquina*, dans la partie méridionale du Dekkan et dans l'île de Ceylan. — Les principaux **animaux domestiques** sont l'*éléphant*, employé partout comme bête de somme, le *chameau*, propre à la région du nord-ouest, le *zébu* ou bœuf à bosse, exclusivement réservé au travail et vénéré, comme un animal sacré, par les brahmanistes. Les pâturages du Dekkan nourrissent beaucoup de *moutons*. — On chasse dans les bois et les jungles l'*éléphant sauvage*, le *tigre*, l'*ours* et un grand nombre d'oiseaux au plumage éclatant, parmi lesquels se distingue le *paon*, originaire de l'Inde et de l'Indo-Chine. — L'*huître perlière* et différentes coquilles à *nacre* se pêchent sur les côtes occidentales du Dekkan, sur celles de Ceylan et à l'entrée du golfe Persique.

84. Industrie. — Dans l'Hindoustan, l'industrie indigène, qui fut autrefois très florissante, ne peut lutter maintenant contre l'industrie européenne pour la fabrication des objets communs. Celle des articles de luxe, tels que *bijoux, armes ciselées, mousselines, broderies*, **châles de cachemire**, est encore assez prospère. — Des capitalistes anglais ont fondé, dans les centres les plus importants, de grandes **usines**, munies d'outillages perfectionnés, pour le *filage* et le *tissage du jute et du coton* récoltés dans le pays. Mais l'essor de la grande industrie est entravé par la rareté et la mauvaise qualité de la houille. — Les **mines** de l'Hindoustan produisent, outre la *houille,* du **fer**, du *cuivre*, des *pierres précieuses*, du **sel**, etc.

85. Commerce. — Le commerce de l'**Hindoustan** est d'environ 5 milliards, dont 2700 millions à l'**exportation** ; celle-ci consiste principalement en **céréales** (460 millions), **matières textiles :** *coton* et *filés de coton, jute, soie* (500 à 600 millions), **opium** (200 millions), *thé, café, fruits, peaux,* etc. Les principaux articles **d'importation** sont des **tissus** et des **filés de coton** (700 à 750 millions).

86. Voies de communication. — L'Inde anglaise est pourvue de bonnes *routes;* et 28300 kilomètres de CHE-MINS DE FER relient entre elles les principales villes de la péninsule. La maîtresse voie, parallèle à l'Himalaya, va de Calcutta à Peschaver, en passant par Lucknow, Agra, Delhi et Lahore. De Lahore part un embranchement qui aboutit à Karatchi, sur la mer d'Oman. Trois autres grandes lignes partent de Bombay : deux d'entre elles vont se souder à la ligne principale, et la troisième gagne l'extrémité méridionale du Dekkan.

§ IV. — ASIE OCCIDENTALE

87. Agriculture. — L'agriculture est généralement négligée dans les pays musulmans de l'Asie occidentale; la vie pastorale y prédomine, et les troupeaux de **chevaux**, de *chameaux* et de *moutons* constituent la principale richesse des habitants de l'Iran (Afghanistan, Béloutchistan, Perse), de la Syrie et de l'Arabie. — L'**Iran** n'a d'autres régions cultivées que les pays montagneux du nord et de l'ouest, où les *céréales* réussissent à merveille. Les *arbres fruitiers* y abondent; la *vigne* donne les vins estimés de Chiraz (Farsistan). L'*essence de roses* est encore un produit important de ces pays, ainsi que le *coton* (Farsistan et Ghilan), la *soie* (Ghilan), etc.

L'**Arménie** produit des *céréales* en petite quantité, des *fruits*, mais nourrit beaucoup de *moutons*. — La **Mésopotamie** récolte du *riz* et des *dattes;* — l'**Asie Mineure** et la **Syrie**, des *céréales*, de l'*opium*, du *tabac*, du *coton*, des *raisins*, qu'on fait sécher ou dont on tire des *vins* renommés (Ténédos, Chypre, Liban), des *olives*, des *figues*, de la *soie*, de la *garance* et de la *vallonée* pour la teinture. — Les productions de l'**Arabie** consistent en *dattes*, principal aliment de l'Arabe nomade, en *café* (Moka) et en *myrrhe*.

88. Industrie. — L'industrie est très peu développée dans l'Asie occidentale. Ses principaux produits sont : les *armes blanches* de Damas (Syrie) et du Khorassan (Perse); les *châles* et les *tapis* de Kirman (Perse) et de Smyrne (Asie Mineure); les *soieries* de Damas et d'Alep (Syrie); les *objets de piété* en nacre et en bois d'olivier de Bethléhem (Palestine). — Il n'y a que peu de mines qui soient exploitées. L'Asie Mineure produit un peu de *houille* (Héraclée, Brousse, etc.), du *cuivre* (Tokat et Éléon), du *sel* (environs de Smyrne).

89. Commerce. — L'**Afghanistan**, le **Béloutchistan** et l'**Arabie** ont un commerce extérieur peu important, et sur la valeur duquel on n'a pas de données certaines. — Celui de la **Perse** est d'environ 210 millions. Les principaux articles d'**exportation** sont la *soie*, le *tabac*, les *peaux*, les *tapis*, l'*opium*, les *céréales*. Ceux d'**importation** : les *tissus*, les *verreries*, le *papier*, le *sucre*, etc.

La **Turquie d'Asie** exporte des produits agricoles : *opium*, *tabac*, *coton*, *raisins secs*, *vins*, *olives*, *figues*, *soie*, *garance* et *vallonée* pour la teinture.

89 *bis*. Voies de communication. — Dans les pays musulmans de l'Asie occidentale, il n'y a guère d'autres chemins que des *routes de caravanes*, ou de simples pistes à peine tracées et pas du tout entretenues. — L'**Asie Mineure** possède plusieurs tronçons de *chemins de fer*

(1.500 kilomètres), qui partent de Scutari, de Smyrne et de Mersina. — En **Syrie**, on trouve le chemin de fer de Jaffa à Jérusalem.

§ V. — COMMUNICATIONS INTERNATIONALES

90. Routes de caravanes. — Le **plateau central**, qui est presque inaccessible, sauf vers le nord, et la longue **série de déserts** qui le continuent vers l'ouest, à travers le Turkestan, l'Iran et l'Arabie, ne sont sillonnés que par de simples *routes de caravanes*, dont le tracé n'est pas beaucoup mieux indiqué que celui des routes maritimes. Il en résulte donc que les diverses régions de l'Asie sont restées jusqu'ici isolées les unes des autres et sans moyen de communication autre que la mer. — Les Anglais de l'Inde essayent de se frayer une voie vers la Chine occidentale par l'Iraouaddi et les montagnes de l'Indo-Chine; c'est une des causes qui les ont déterminés à s'emparer de la Birmanie. La France, de son côté, a occupé le Tonkin en vue de gagner la même région par le fleuve Rouge. Ces tentatives auraient chance d'aboutir si la Chine n'y mettait obstacle.

Les **routes de caravanes** que suit le commerce chinois pour arriver aux marchés russes traversent toutes le désert de Gobi. Les plus fréquentées sont celles *de Pékin à Kiakhta*, par Kalgand et Ourga; — *de Pékin à la vallée de l'Obi*, par le nord-ouest de la Mongolie; — *du Kansou au steppe des Kirghis*, par la plaine du haut Irtych ou par la vallée de l'Ili (Dzoungarie); — *du Kansou à Taschkend et à Bokhara*, par Kachgar; cette route longe la base méridionale des monts Célestes. — Enfin une route difficile, mais la seule qui soit à peu près praticable, conduit *des plaines de l'Amou-Daria dans celles de l'Indus*, à travers les âpres montagnes de l'Afghanistan, par le col de Bamian, la vallée du Caboul et l'affreux défilé de Khaïber.

91. Principaux ports. — Les principaux ports de l'Asie sont :

1° Sur l'Océan Pacifique : *Nicolaiewsk* et *Vladivostock* (**Sibérie**); *Hakodadé*, **Yokohama**, et *Nagasaki* (**Japon**). Yokohama est le point où aboutissent les grandes lignes européennes de navigation à vapeur, à destination de l'Extrême-Orient.

En **Chine**, *Tien-tsin*, port fluvial, chargé d'approvisionner Pékin; *Nanking*, et *Han-Kéou*, le principal port d'exportation du thé, sur le Yang-tsé-kiang; **Chang-Haï**, qui fait autant de commerce que tous les autres ports de l'empire ensemble; *Fou-tchéou, Amoy;* enfin **Canton**, qui ne le cède en importance qu'à Chang-Haï. — *Victoria*, dans l'île de Hong-Kong, qui appartient aux Anglais, a supplanté la ville portugaise de *Macao*, située aussi dans une île, de l'autre côté de la rivière de Canton.

Dans l'**Indo-Chine**, *Haï-Phong* (Tonkin), *Saïgon* (Cochinchine), *Bangkok* (Siam); enfin **Singapour**, ville cosmopolite, créée par les Anglais dans une île située à l'extrémité de la presqu'île de Malacca.

92. — 2° Sur l'Océan indien :

Dans les **possessions anglaises :** *Rangoun*, sur une des branches de l'Iraouaddi, le premier port de commerce, sur le golfe du Bengale, après Calcutta; **Calcutta**, située à 125 kilom. de la mer, sur un bras du Gange, l'Hougly. Cette ville fait annuellement pour environ 2 milliards d'affaires. *Madras*, mauvais port sur la côte de Coromandel (un peu au sud-est est le port français de *Pondichéry*). *Colombo* et *Pointe-de-Galle*, dans l'île de Ceylan, les deux principaux lieux de relâche des paquebots qui traversent l'océan Indien. — *Cochin* et *Calicut*, sur la côte de Malabar, autrefois très fréquentés, sont maintenant abandonnés, de même que la ville portugaise de *Goa*, au profit de **Bombay**, le premier port de l'Inde après Calcutta. Bombay exporte surtout du coton, du blé et de l'opium. Citons encore *Karatchi*, port très fréquenté, au nord des bouches de l'Indus;

Bouchir (Aboucher), sur le golfe Persique, le principal port de la **Perse**;

En **Arabie**, le port anglais d'*Aden*, près du détroit de

Bab-el-Mandeb ; et, sur la mer Rouge, *Moka* et *Hodeida*, qui exportent du café ; *Djedda*, le port de la Mecque.

93. — 3º **Sur la Méditerranée et la mer Noire,** les ports asiatiques ont reçu le nom d'**Échelles du Levant,** parce que les bâtiments qui les fréquentent font successivement escale (*scala*, échelle) dans un certain nombre d'entre eux. Leur commerce total dépasse 500 millions. Nous citerons d'abord les ports syriens de *Jaffa*, *Beirout*, *Tripoli*, *Latakieh*, *Alexandrette*, et celui de *Larnaka*, dans l'île de Chypre. Beirout, le port de Damas, est de beaucoup le plus important. Mais les deux principales échelles sont **Smyrne**, sur l'Archipel, et **Trébizonde**, sur la mer Noire, entre lesquelles on en trouve plusieurs petites : *Scutari*, en face de Constantinople, *Sinope* et *Samsoun*, sur la mer Noire. Tous ces ports appartiennent à la **Turquie.** — Ceux de *Batoum* et de *Poti* sont situés dans la **Caucasie russe.**

94. Voies maritimes. — Les ports du bassin oriental de la **Méditerranée** et de la **mer Noire,** *Batoum* (Caucasie), *Trébizonde* (Arménie), *Smyrne* et *Mersina* (Asie Mineure), *Beirout* (Syrie), sont mis en relations régulières et fréquentes avec l'Europe méditerranéenne par des lignes de bateaux à vapeur françaises et surtout par celles du Lloyd autrichien de Trieste.

De nombreuses lignes de paquebots, anglaises, françaises, allemandes, italiennes, russes, etc., se dirigent, par le canal de Suez, sur les principaux ports de l'**océan Indien.** *Bombay* est desservi directement ; *Madras* et *Calcutta*, par des lignes annexes, qui rejoignent à *Colombo* ou à *Pointe-de-Galle* (Ceylan) les grandes lignes de l'Extrême-Orient.

Les ports asiatiques du **Pacifique,** *Yokohama* et *Nagasaki* (Japon), *Chang-Haï* et *Canton* (Chine), *Hong-Kong* (aux Anglais), *Saïgon* (Cochinchine française), sont visités par de nombreux bâtiments à marche rapide et à services réguliers. La plupart de ces navires, après avoir traversé l'isthme de Suez et la mer Rouge, relâchent à *Aden* (Arabie anglaise), à *Colombo* ou à *Pointe-de-Galle*, et à *Singapour*, sur le détroit de Malacca. — L'Extrême-Orient est mis également en relations régulières avec l'Amérique par deux lignes de bateaux à vapeur : la ligne américaine de San-Francisco à Yokohama, et la ligne anglaise de Vancouver, qui est plus courte. La durée du trajet entre le Japon et l'Angleterre est de 40 jours par l'isthme de Suez, et de 30 par San-Francisco et New-York ; elle est réduite à 25 jours par Vancouver et Montréal.

AFRIQUE

GÉOGRAPHIE PHYSIQUE

---

§ I. — LIMITES. — SITUATION. — ÉTENDUE. — CARACTÈRES
GÉNÉRAUX.

1. — L'Afrique est une vaste péninsule qui se rattache
à l'Asie par l'**isthme de Suez**, étroite bande de terres
sablonneuses, à travers laquelle passe maintenant un canal.
Elle a pour **bornes**, au nord, le *détroit de Gibraltar* et
la *Méditerranée ;* à l'est, la *mer Rouge*, le *détroit de Bab-
el-Mandeb* et l'*océan Indien ;* au sud et à l'ouest, l'*océan
Atlantique.* — Comme l'équateur la traverse à peu près
par le milieu, elle appartient en majeure partie à la zone
torride ; mais elle présente pourtant des terres tempérées,
puisqu'elle s'avance, au nord, jusqu'à 37° 19' de latitude
(cap Bon), et au sud, jusqu'à 34° 38' (cap des Aiguilles).

L'Afrique a une **superficie** d'au moins 30 millions de
kilomètres carrés. Sa plus grande *longueur,* du cap Bon
au cap de Bonne-Espérance, est de 8 000 kilomètres ; et sa
plus grande *largeur,* du cap Vert au cap Guardafui, de
7 800 kilomètres.

Bien qu'elle soit trois fois plus étendue que l'Europe, le
développement des côtes est beaucoup moins considérable,
parce qu'elle ne présente ni mers intérieures ni golfes profonds. Sa forme est lourde et massive, comme celle des
deux autres grandes terres méridionales, la Sud-Amérique
et l'Australie. Un des traits caractéristiques de sa confi-

guration consiste en ce que ses principales chaînes de montagnes se dressent sur le pourtour, dans le voisinage immédiat des côtes, auxquelles elles sont parallèles.

§ II. — MERS ET LITTORAL.

2. La mer Méditerranée baigne l'Afrique septentrionale depuis le *détroit de Gibraltar* jusqu'à l'*isthme de Suez;* elle y creuse les deux *golfes de Gabès* (petite Syrte) et *de la Sidre* ou *grande Syrte*. L'île de *Djerba*, dans le golfe de Gabès, est la seule qu'on y rencontre. Le littoral est généralement élevé, rocheux et sans ports abrités.

La côte africaine de la **mer Rouge**, brûlée par un soleil de feu et dépourvue de toute végétation, est bordée, dans toute sa longueur, par les hauteurs de la *chaîne arabique* et par les contreforts septentrionaux des *monts d'Abyssinie;* à peine y a-t-il place çà et là pour une étroite lisière de terrain uni au bord de la mer (*Sahel*). *Souakin* (aux Anglais) et *Massaouah* (aux Italiens) sont les deux meilleurs ports de cette côte inhospitalière. Le détroit de *Bab-el-Mandeb*, au milieu duquel se dresse l'îlot de *Périm*, hérissé de canons anglais, donne accès dans le *golfe d'Aden*, compris entre la côte de l'Arabie et la *presqu'île triangulaire des Somâlis*.

3. — Du cap Guardafui à la baie d'Algoa, dont le méridien sert de limite entre l'**océan Indien** et l'océan Atlantique, la côte se profile vers le sud-ouest sans présenter d'accidents remarquables; escarpée et aride dans la Somâlie, basse et marécageuse dans le Zanguebar et le Mozambique, boisée et bien arrosée entre les baies Delagoa et Algoa; nulle part, sauf dans le Mozambique, on n'y rencontre de bons ports. — A l'exception du petit groupe de *Zanzibar*, les îles sont situées en pleine mer, au large des côtes; ce sont *Socotora*, les *Seychelles*, les *Amirantes*, les *Comores*, la grande île de *Madagascar*, séparée du continent par le *canal de Mozambique*, enfin *Maurice* et la *Réunion*. — Un violent courant, du nord au sud, règne entre Madagascar et la côte voisine; il se continue jusqu'au cap de Bonne-Espérance, apportant aux rivages méridionaux les flots attiédis des mers tropicales.

4. — De la baie d'Algoa au cap de Bonne-Espérance, **l'océan Atlantique**, souvent bouleversé par d'horribles tempêtes, baigne un littoral élevé, sans accidents importants, à l'exception du *cap des Aiguilles*, qui forme l'extrémité méridionale du continent, et une grande baie arrondie, *False-bay*, à l'ouest de laquelle s'allonge le fameux *cap de Bonne-Espérance*, qui causa tant d'effroi aux navigateurs du XVᵉ siècle.

Du cap de Bonne-Espérance au fond du *golfe de Guinée*, la côte se dirige vers le nord en inclinant un peu à l'ouest; elle ne présente d'autres accidents remarquables que les baies d'*Angra Pequena* et de *Walfisch*, au sud, avec les *estuaires du Congo*, du *Gabon*, du *Cameroun* et du *Vieux-Calabar*, au nord. Quatre îles volcaniques, fertiles en productions de toute sorte, surtout en café et en cacao, *Annobon* («Bonne année, » découverte le 1ᵉʳ janvier 1471), *San-Thomé*, du *Prince* et *Fernando-Po*, se dressent dans le golfe de Guinée; la première fait face au *cap Lopez*, la dernière au superbe massif du Cameroun. En plein Océan, à 400 et 500 lieues des côtes, trois îles également volcaniques, mais séparées par de grandes distances, *Tristan da Cunha, Sainte-Hélène* (où mourut Napoléon) et l'*Ascension*, émergent au-dessus d'un long plateau sous-marin qui divise l'Atlantique austral en deux bassins distincts.

5. — Depuis le *delta* marécageux *du Niger*, qui avance son front convexe au fond du golfe de Guinée, la côte est orientée de l'est à l'ouest jusqu'au *cap des Palmes*. Presque partout elle est double; des *lagunes* et des marigots, à eau dormante, mais à niveau changeant selon la marée, s'étendent entre le rivage proprement dit et les plages sablonneuses du cordon littoral, que viennent battre les vagues de la haute mer. — Du cap des Palmes à l'embouchure du Sénégal, la côte de la Sénégambie décrit un arc de cercle, dont la convexité est tournée vers l'Océan. La *presqu'île de Dakar* et le *cap Vert,* qui en forme la pointe terminale, avec l'île de *Gorée,* s'avancent en dehors de la courbe; mais l'*archipel des Bissagos* continue la ligne du rivage, ébréché en plusieurs endroits par les profonds *estuaires* des fleuves côtiers. — Au nord du Sénégal, la côte saharienne se dirige vers le nord jusqu'à la *baie d'Arguin,* à l'entrée de laquelle se dresse un haut fond tristement célèbre par le naufrage de la Méduse. A partir du *cap Blanc,* elle s'infléchit vers l'est jusqu'au *cap Ghir,* où vient expirer la chaîne de l'Atlas. La côte du Sahara et celle du Maroc, qui lui fait suite, sont difficiles à aborder et rarement visitées par les marins. — Quatre archipels d'origine volcanique, les *îles du Cap-Vert,* les *Canaries, Madère* et les *Açores,* qui dressent en plein Océan leurs terres hérissées de montagnes, ne se rattachent point au continent, dont elles sont séparées par des eaux très profondes.

§ III. — RELIEF DU SOL

6. **Vue d'ensemble.** — Bien que l'Afrique ne présente aucune chaîne de montagne comparable à celles de l'Asie ou de l'Amérique, elle est cependant, dans son ensemble, la plus élevée des cinq parties du monde. En la supposant nivelée, on estime que son altitude atteindrait 580 à 660 mètres, d'après les évaluations extrêmes. Le relief en est monotone, comme les contours; la forme dominante est celle de **plateau** (*plateau austral, plateaux de la Guinée, du Soudan, du Sahara*). Si l'on excepte l'*Atlas* et les *monts du Cap,* l'Afrique ne présente aucune chaîne de montagnes nettement orientée et bien définie, rien qui rappelle l'Himalaya, la Cordillère des Andes, ni même les Alpes, mais seulement des massifs confus (*monts d'Abyssinie*), des sommets isolés (*Kénia, Kilima-Ndjaro, Roouenzori, Cameroun*) ou bien des chaînes à un seul versant (*bordure du plateau austral*), simples escaliers du plateau qu'elles soutiennent. Il est à remarquer que ces chaînes se dressent toutes dans le voisinage des côtes, ne laissant que des plaines fort étroites entre elles et le rivage. Cette disposition du relief africain a contribué, peut-être plus que tout le reste, à maintenir les contrées intérieures isolées du monde civilisé ; car on ne peut les atteindre en bateau ; les fleuves, obligés de se frayer péniblement un passage à travers les montagnes bordières, n'arrivent à la mer que par une série de chutes qui y rendent toute navigation impossible.

7. Atlas. — L'Atlas s'étend du cap Ghir, sur l'Atlantique, au cap Bon, sur la Méditerranée, couvrant de ses ramifications les 2300 kilomètres qui séparent ces deux points. Au nord, il plonge ses pieds dans les eaux de la Méditerranée, ou laisse çà et là une étroite lisière de plaines maritimes (Sahel) ; au sud, il domine la mer de sables du Sahara. L'Atlas a même formation et même orientation que les sierras espagnoles. Il ne forme pas une chaîne continue, mais se compose de saillies parallèles et de massifs distincts. Au centre se déroulent, de l'Atlantique au golfe de Gabès, une série de *hauts plateaux* (1 000 à 1 200 mètres), à peine ondulés, qui en séparent les deux arêtes principales. L'ensemble des hauteurs comprises entre l'arête septentrionale et la mer porte le nom de *Tell*. Le Tell présente une grande largeur à l'ouest, dans l'Atlas marocain ; mais il se rétrécit beaucoup au centre et à l'est, tandis que les plateaux s'élargissent. Les principaux massifs sont : dans le Maroc, l'*Adrar Deren*, la partie la plus élevée de la chaîne (3 500 m.; mont Miltsin, 4 000 m.); en Algérie, l'*Ouarsénis* et le *Djurjura* (2 300 m.), au nord, auxquels correspondent, dans l'arête méridionale ou grand Atlas, le *Djebel-Amour* et le *Djebel-Aurès* (2 312 m.), point culminant de la région algérienne.

8. Monts d'Abyssinie. — Les monts d'Abyssinie ne présentent une arête nettement dessinée que du côté oriental ; cette crête, haute de 2 500 à 3 000 mètres, se développe sur une longueur d'environ 1 000 kilomètres. Le versant qui regarde la mer Rouge s'abaisse brusquement sur la plaine aride qui s'étend à ses pieds ; le versant occidental s'incline doucement vers le Nil par une succession de terrasses reposant sur des roches de granit ou de basalte. Le massif des monts d'Abyssinie est découpé en une multitude de fragments prismatiques, hérissés de rochers à pic, qui se profilent dans le ciel comme des murailles gigantesques, et séparés les uns des autres par des crevasses étroites et profondes ; ainsi la vallée où coule le Tacazzé est dominée des deux côtés par des hauteurs de 600 mètres ; et plusieurs hauts plateaux, les uns comprenant des provinces entières, d'autres plus petits (Ambas), se terminent brusquement par des parois verticales de 800 à 1 000 mètres. La hauteur des plateaux abyssins, dans leur partie la plus élevée, est de 2 400 à 2 700 mètres au-dessus du niveau de la mer ; ils sont dominés par deux grands massifs, les *montagnes du Sémèn*, au centre, et celles du *Godjam*, au sud, dont les plus hauts sommets (4 500 à 4 900 mètres) rivaliseraient avec ceux des Alpes.

9. Bordure orientale du grand plateau. — Les montagnes qui bordent à l'est le plateau de l'Afrique australe se rattachent aux hautes terres du pays Galla et de la Somâlie. Leur crête, éloignée de 100 à 200 kilomètres du rivage, n'atteint pas une grande hauteur (1 100 à 1 300 m.) ; dans le Zanguebar, avec des sommets isolés de 2 000 à 3 000 mètres) ; mais les deux massifs volcaniques que dominent le *Kénia* (5 600 m.) et le *Kilima-Ndjaro* (5 745 m.) sont beaucoup plus élevés. Le Kilima-Ndjaro, tout étincelant de blancheur sous son manteau de neiges éternelles, se compose de deux volcans jumeaux ; il couvre un espace de 100 kilomètres de l'est à l'ouest, sur 50 du nord au sud.

10. Montagnes de l'Afrique méridionale. — Au sud du Limpopo, les montagnes bordières prennent une élévation considérable dans la longue chaîne des monts des Dragons (*Drakenberg*), dont bon nombre de sommets dépassent 3 000 mètres. Cette chaîne s'abaisse vers le rivage en terrasses successives, remarquables par la fertilité du sol, l'agrément du climat et la beauté pittoresque des paysages. Elle se soude à son extrémité méridionale aux monts des Tempêtes (*Storm-Bergen*), riches en gisements houillers; leurs ramifications couvrent toute la Cafrerie.

Les **montagnes du Cap** se composent, comme celles de la Berbérie, de deux chaînes parallèles séparées par les plateaux arides des *Karous*. Entre les baies d'Algoa et False-bay, la chaîne bordière, très variée d'aspect, brisée en nombreux tronçons et ravinée par les torrents, court de l'est à l'ouest le long du rivage, qu'elle serre de très près. Elle atteint sa plus grande élévation au centre, dans les grandes montagnes Noires (*Groote-Zwarte-Bergen*, 2200 mètres); sa largeur moyenne est de 20 à 25 lieues. Au cap Hangklip, qui ferme la False-bay à l'est, la chaîne change brusquement de direction, et court du sud au nord, parallèlement au rivage de l'Atlantique. — La chaîne septentrionale, orientée comme la première, continue à l'ouest les monts des Tempêtes et se divise en plusieurs massifs, dont les deux principaux sont les montagnes Neigeuses (*Sneëw-bergen;* mont *Compass*, 2728 mètres, point culminant de la région du Cap) et les monts *Nieuweveld*, moins élevés et d'accès plus facile.

11. Bordure occidentale du plateau austral. — La crête des montagnes qui forment à l'ouest la bordure du grand plateau suit le rivage à une distance de 150 à 200 kilomètres; leur hauteur moyenne est de 1500 à 2000 mètres entre l'Orange et le Congo, 1000 à 1200, ou même moins, entre le Congo et le Gabon. Elles sont généralement boisées, ravinées par les torrents et d'accès difficile.

Le magnifique **massif du Cameroun**, qui dresse ses trois pointes à près de 4200 mètres au-dessus des flots du golfe de Guinée, n'appartient pas à la bordure du plateau; il est complètement isolé et se trouve sur la même aire volcanique que les quatre îles qui lui font face.

12. Hauteurs de la Guinée et massif du Fouta-Djallon. — L'exploration du capitaine Binger (1889) a fait rentrer les *monts de Kong* dans le néant, d'où les avait tirés la bonne volonté des géographes, stimulée par quelques vagues récits de marchands nègres. — Depuis les bords septentrionaux du golfe de Guinée jusqu'au plateau sur lequel est assis le pays de Kong, le terrain s'élève en pentes généralement assez douces, parfois un peu abruptes, mais ne présentant nulle part l'aspect de montagnes.

En Sénégambie, le massif du **Fouta-Djallon** a une altitude moyenne de 1 200 mètres avec des sommets beaucoup plus élevés ; c'est un centre hydrographique très important ; il donne naissance à un grand nombre de rivières.

§ IV. — FLEUVES ET LACS

13. Versant de la Méditerranée. — L'Afrique n'envoie à la Méditerranée qu'un fleuve considérable, le Nil ; car la *Molouya* du Maroc, le *Chélif* de l'Algérie, et la *Medjerda* de la Tunisie, les trois principaux cours d'eau de la région de l'Atlas, sont des rivières sans importance.

Le **Nil**, le premier des fleuves de l'ancien monde par la longueur de son cours (6 470 kilom.) et par l'étendue de son bassin (4 560 000 kil. carrés), prend naissance dans le grand lac Victoria, auquel il sert de déversoir. Le **lac Victoria** (**Oukéréoué** des indigènes ; 66 500 kilom. car.), dépasse en étendue la mer d'Aral ; il a près de 200 mètres de profondeur et est à 1 200 mètres d'altitude. A sa sortie de cette mer d'eau douce, le Nil, large d'un demi-kilomètre, descend par une suite de chutes et de rapides vers un autre lac, le *Mwoutan-Nzigé* ou *Albert-Nyanza* (4 650 kilom. car.), dans lequel il répand ses eaux. Puis son cours se ralentit, il déborde et forme de vastes marécages au milieu desquels il reçoit, sur sa rive gauche, les eaux du *Bahr-el-Gazal,* le dernier de ses affluents permanents sur cette rive. Au-dessous du confluent, le fleuve disparaît sous un épais tapis d'herbes enchevêtrées les unes dans les autres, et la navigation y est impossible. Plus bas, après avoir reçu le *Sobât,* qui descend des monts d'Éthiopie, il prend le nom de **Fleuve Blanc** (*Bahr-el-Abiad*). L'Abyssinie lui envoie encore, mais beaucoup plus loin, au bec de Khartoum, un autre grand affluent, le *Bahr-el-Azrak* (**Fleuve**

Bleu), qui lui apporte les·eaux du lac *Tana* (2 980 kil. c.).
Le Nil Bleu, qui fut longtemps considéré comme la branche
principale, est sujet à de grands écarts dans son débit
(300 mètres cubes dans les maigres; 5 000 mètres cubes
dans les crues); ce sont ses crues qui causent le déborde-
ment annuel en Égypte. Un troisième fleuve éthiopien,
l'*Atbara*, grossi du *Tacazzé*, n'apporte que rarement au
Nil le tribut de ses eaux torrentueuses; elles sont bues par
les sables avant de l'atteindre. C'est pourtant le dernier affluent de la rive droite.—En Nubie, le lit du fleuve est coupé
par six barrages naturels qu'on ne peut remonter à l'é-
poque des basses eaux; les chutes ne sont cependant ni
assez brusques, ni assez profondes pour mériter le nom de
cataractes, qu'on leur donne. La plus méridionale (6ᵉ cataracte) est un peu en aval de Khartoum; la première, celle
d'Assouan, située presque sous le tropique, se remonte
sans peine dans les crues; mais il n'en est pas de même
de la seconde, celle de Ouâdi-Halfâ, où le lit du fleuve est
obstrué, sur une longueur de 25 kilomètres, par 353 îles
ou îlots, sans compter les écueils.

14. — La **vallée de l'Égypte** commence en aval d'Assouan; beaucoup plus large sur la rive gauche que sur la
rive droite, elle est profondément encaissée entre deux
chaînes de montagnes (50 à 350 mètres d'altitude), la
chaîne libyque sur la rive gauche, la chaîne arabique sur la
rive droite; sa largeur moyenne ne dépasse pas 12 à 15 kil.
au sud, 20 à 25 au nord. Un bras latéral, le *Bahr-el-You-
sef* (Fleuve de Joseph), qui a été rectifié dans son cours
supérieur et nommé *canal Ibrahimieh,* court à gauche
parallèlement au fleuve principal et gagne le *Fayoum*, qui
occupe l'emplacement du lac Mœris. — Un peu en aval du
Caire, les deux chaînes qui enserrent l'oasis égyptienne
s'écartent, et le **delta** commence, séparé en mille îlots par
le lacis inextricable des rivières et des canaux. Le front du
delta prolonge assez loin en mer la courbe gracieuse de son
rivage; on y remarque les grandes lagunes saumâtres de
Mariout, de *Burlos* et de *Menzaleh*. Il serait impossible
de distinguer aujourd'hui les sept bouches par lesquelles

le Nil se jetait autrefois dans la mer; celle de *Rosette* (la Bolbitine) et celle de *Damiette* (la Phatnétique) sont de beaucoup les plus importantes.

Le phénomène auquel le Nil doit surtout sa célébrité est sa grande **crue annuelle**, qui se produit avec tant de régularité, qu'elle sert de calendrier aux riverains. Vers le 10 juin, on s'aperçoit que le fleuve roule des eaux vertes; c'est le commencement de la crue; un mois plus tard, les eaux deviennent rouges et montent rapidement; la crue reste dans son plein depuis la fin d'août jusqu'aux premiers jours d'octobre, après quoi les eaux baissent jusqu'à la crue suivante. La *hauteur de l'inondation* est naturellement plus considérable dans la haute Égypte (16 à 17 mètres à Assouan) que dans la basse (6 à 7 mètres au Caire). Les cultivateurs ont soin de pratiquer des coupures aux rives du fleuve, et l'eau se précipite de canaux en canaux dans les campagnes, qu'elle vivifie en y déposant un limon fertilisateur; les Égyptiens n'emploient pas d'autre engrais. On estime que les débris de toute sorte apportés ainsi dans la vallée exhaussent le sol de 126 millimètres par siècle en moyenne, soit plus d'un mètre en mille ans, six à sept mètres depuis l'époque des premiers Pharaons.

15. Versant de l'océan Indien. — Du golfe de Suez au cap Guardafui, *aucune rivière* n'apporte ses eaux à la *mer Rouge* et au *golfe d'Aden.* — L'Afrique n'envoie d'ailleurs à l'**océan Indien** que deux cours d'eau réellement importants, le Zambèze et le Limpopo; les autres, comme le *Djoub*, qui coule dans la Somâlie; le *Dana*, le *Kingani*, le *Loufidji*, le *Rovouma*, qui arrosent la côte de Zanguebar, ne sont que de petits fleuves côtiers, roulant, il est vrai, une grande masse d'eau à la saison des pluies, mais à peu près impraticables à la navigation.

Le **Zambèze**, le quatrième des fleuves africains par la longueur de son cours et l'étendue de son bassin (2 200 kil. carrés environ), prend naissance à une distance peu considérable de la côte occidentale. Son principal affluent de la rive droite est le *Tchobé*, qui lui apporte les eaux du *Coubango*, fleuve à bords marécageux, et qui se perd en partie dans des lagunes. Le *lac Ngami,* vaste marécage sans profondeur et à limites très variables, appartient au bassin hydrographique du Tchobé, mais ne lui envoie que rarement son tribut à travers un pays d'une horizontalité presque parfaite, où les eaux s'étendent en nappes vaseuses. — En aval du confluent du Tchobé, le Zambèze présente de nombreuses cataractes dont la plus considérable est la **chute Victoria**, désignée par les indigènes sous le nom de *Mosi-oa-Tounya* (fumée tonnante). Le fleuve, large de 1 kilomètre, se précipite avec un fracas épouvantable, d'une hauteur de 120 mètres, dans une étroite fissure qui coupe perpendiculairement le courant. — En traversant la chaîne bordière des monts Lupata, le Zambèze coule, sur une longueur de 17 kilomètres, dans une gorge très resserrée, mais où sa profondeur atteint 20 mètres. Plus bas, le *Chiré* lui apporte les eaux du **lac Nyassa**. Cette belle nappe (30 000 kil. c.), comparable au Tanganyka pour sa forme allongée du nord au sud, sa grande profondeur et la ceinture de montagnes qui l'environne, est située à une altitude beaucoup moins considérable (480 m.). Le cours du Chiré est malheureusement coupé de rapides qui ne permettent pas de le remonter en bateau. Le vaste delta du Zambèze commence un peu en aval de sa jonction avec le Chiré.

Le *Limpopo,* malgré la longueur de son cours et l'étendue de son bassin, est un pauvre fleuve, qui n'apporte à la mer qu'un bien faible tribut. Il prend naissance dans la région des plateaux herbeux situés à l'ouest des monts Drakenberg, et décrit les trois quarts d'une circonférence depuis sa source jusqu'à son embouchure.

16. Versant de l'océan Atlantique. — Le versant occidental de l'Afrique envoie à l'océan Atlantique l'*Orange,* le *Counéné,* le *Couanza,* le *Congo,* l'*Ogôoué,* le *Niger* et le *Sénégal.*

Le fleuve **Orange** (*Gariep* des Hottentots) prend sa source à peu de distance de l'océan Indien, dans la chaîne des monts Drakenberg ; il reçoit sur sa rive droite deux grands affluents, le *Calédon* et le *Vaal,* issus de la même chaîne. Il s'est creusé dans le plateau, qu'il traverse **de** l'est à l'ouest, un lit ou plutôt une crevasse extrêmement profonde; du haut des rives on aperçoit parfois, à des centaines de pieds de profondeur, un mince filet d'eau qui serait habituellement guéable, si la hauteur et l'escarpement des berges permettaient d'y descendre; c'est tout ce que lui envoie un bassin qui égale plus de deux fois la France en étendue (1 275 000 kilom. car.). Il se précipite du plateau à la côte par une série de chutes et de cascades, la plupart inaccessibles, et se jette dans la mer après un cours de 2 140 kilomètres de longueur.

Le *Counéné* et le *Couanza* (1 200 kilom. de longueur), prennent tous deux naissance sur les pentes orientales des monts bordiers. Le premier, qui traverse un pays extrêmement aride, ne roule ses eaux à la mer que durant les crues, de décembre à avril; le reste du temps, elles s'évaporent dans des lagunes. Le Couanza, dont le bassin reçoit plus d'humidité, est navigable en toute saison sur une longueur de 200 kilomètres.

17. — Le **Congo** (*Zaïre* des Portugais), le second fleuve du monde par la puissance de son débit (50,000 mètres cubes par seconde en moyenne), le cinquième par la longueur de son cours (4 800 kilom.), et le quatrième par l'étendue de son bassin (environ deux millions et demi de kilomètres carrés), n'a été exploré que depuis un très petit nombre d'années. Avant la remarquable expédition de Stanley (1876), qui le descendit en barque depuis Nyangoué, dans le cours supérieur, jusqu'à la mer, les Européens n'en connaissaient que l'estuaire. Le Congo a probablement sa source dans les monts Chibolé, au sud du Tanganyka; il porte le nom de *Tchambézi* jusqu'à son entrée dans le lac *Bangouéolo*, vaste nappe d'eau vaseuse et peu profonde; après sa sortie de ce lac, le fleuve, sous le nom de *Louapoula*, se dirige vers le nord et traverse le lac *Moéro*, plus petit que le précédent, mais beaucoup plus gracieux. Plus bas, au lac *Landji*, il reçoit un puissant affluent, le *Loualaba* ou *Camolondo*, grossi du *Loufira*. C'est aussi au lac Landji que le lac Tanganyka lui envoie, au moins de temps en temps, le trop-plein de ses eaux par le *Loukouga*. — Le

Tanganyka est une des plus belles nappes d'eau douce qui existent ; long de 630 kilomètres sur une cinquantaine de large, il présente de grandes profondeurs (800 m.); sur ses bords se dressent des rochers d'où tombent de jolies cascades. — En aval du lac Landji, le Congo, déjà large d'un kilomètre, avec une profondeur moyenne de plusieurs mètres, se dirige vers le nord-est sur un lit entrecoupé de nombreuses chutes, dont sept plus considérables (*Stanley-Falls*) se succèdent à peu d'intervalle dans le voisinage de l'équateur. Après avoir franchi la dernière, le fleuve décrit une longue courbe jusqu'au 2e degré de latitude nord, puis prend la direction du sud-ouest, qu'il ne quittera plus; il s'étale en un très large courant, parsemé d'îles ; il s'élargit encore avant de quitter le plateau et forme le lac Stanley (*Stanley-Pool*), en aval duquel commencent les 32 cataractes et les nombreux rapides (275 kilomètres impraticables à la navigation) par lesquels il se précipite dans un long *estuaire*, pour continuer son cours, dans un lit nettement tracé, à 480 kilom. en mer. — Dans les 1 700 kil. de son cours moyen, entre le Stanley-Pool et les Stanley-Falls, il est partout navigable aux bateaux à vapeur ; c'est dans cette partie qu'il reçoit ses principaux affluents : sur la rive droite, l'*Arouhouimi*, l'*Oubanghi-Ouellé*, qui descend du pays des Monbouttous et roule plus d'eau que le Nil, la *Sangha*, l'*Alima;* sur la rive gauche, le *Loulami*, le *Tchouapa*, enfin le puissant KASSAÏ, grossi du *Sankourou*, du *Mjiné*, émissaire du *lac Léopold II*, du *Couango* et de vingt autres grandes rivières. — Le Congo et ses affluents forment un ensemble de voies navigables évalué à plus de 30 000 kilomètres.

18. — L'*Ogôoué* (1 200 kilom. de longueur; bassin de 300 000 kilom. car.) roule un volume d'eau considérable; malheureusement des rapides et des chutes le rendent impropre à la navigation.

Le **Niger** a été longtemps désigné sous le nom de « Nil des Noirs » et confondu avec le Nil des Égyptiens, dont il était considéré comme une des principales branches. C'est un des grands fleuves du monde, le troisième de l'Afrique pour la longueur du cours (4150 kilomètres) et le second pour la masse des eaux. Son bassin, encore inexploré sur de très vastes étendues, est évalué à 2 600 000 k. car.; mais une partie considérable est une dépendance du Sahara et ne lui envoie aucun cours d'eau. — Le Niger prend naissance dans la partie occidentale des hauteurs de Guinée et coule vers le nord-est jusqu'à Tombouctou, puis il se dirige vers l'est, en plein Sahara, l'espace de 400 kilomètres; enfin il coule au sud-est pour gagner le golfe de Guinée, dans lequel il se jette par un large delta. Aucun des grands affluents de sa rive droite n'a été exploré; il reçoit à gauche, dans son cours inférieur, le *Bénoué,* qui roule une masse d'eau supérieure à celle du fleuve principal.

19. — Les rivières côtières qui descendent des hauteurs de Guinée et du Fouta-Djallon, comme la *Volta,* les deux *Scarcies,* le *Rio-Grande,* la *Casamance,* la *Gambie,* etc., n'ont qu'une médiocre importance.

Le **Sénégal** est formé par la réunion de deux puissants cours d'eau, le *Bafing,* issu du Fouta-Djallon, et le *Bakhoy,* la branche principale, qui a sa source à quelques kilomètres des rives du Niger. Il reçoit la *Falémé* sur sa rive gauche. Des seuils difficiles à franchir partagent le lit du Sénégal en un certain nombre de biefs étagés les uns au-dessus des autres. A l'époque des crues, ses eaux se répandent en des coulées latérales ou marigots, dont quelques-uns ont les dimensions de véritables lacs. Au lieu de gagner directement la mer, le flot se heurte à l'embouchure contre un cordon littoral, et est obligé de couler assez longtemps entre cette digue naturelle et la côte, jusqu'à ce qu'il se soit ouvert, à travers les sables, une issue qui se déplace incessamment. Une barre dangereuse arrête au large les grands navires, qui ne peuvent remonter le fleuve, même jusqu'à Saint-Louis.

Le premier cours d'eau permanent qui se jette dans l'Atlantique, au nord du Sénégal, est l'*Oum-er-Rbia,* qui coule à plus de 500 lieues de là en ligne directe.

20. Bassins intérieurs. — La région saharienne

n'envoie aucun cours d'eau à la mer; le peu de pluie qui y tombe est bu aussitôt par les sables ou va s'évaporer dans des lagunes salées. Le **Chott Melghir**, situé à une faible distance du golfe de Gabès, est une de ces dépressions; l'*Oued-Djeddi*, issu des pentes méridionales du grand Atlas, y vient terminer son cours. Il en était de même autrefois d'un fleuve bien autrement puissant, l'*Igharghar*, qui naît à plus de 1 000 kilomètres vers le sud, dans le Djebel-Ahaggar; son lit (2 à 10 kilom. de largeur), capable de contenir un Nil, est maintenant complètement à sec; ce qui semblerait indiquer que le climat du pays était jadis beaucoup plus humide qu'aujourd'hui.

Une autre grande dépression, occupée par le lac **Tchad** ou Tzâdé, se trouve dans les plaines du Soudan, au centre même de l'Afrique, à une altitude de 250 à 270 mètres seulement; c'est un vaste marécage sans profondeur, parsemé d'îles qui recouvrent environ un tiers de sa surface; son étendue varie d'ailleurs beaucoup suivant les saisons (11 000 kilom. car. à l'époque de la sécheresse; 50 000 k. car. dans la saison des pluies, d'après le voyageur Rohlf). L'eau en est douce, ce qui donne à penser qu'il a eu jadis un écoulement; en effet, le *Bahr-el-Gazal* (qu'il ne faut pas confondre avec l'affluent du Nil portant le même nom) lui servait d'émissaire et se remplit encore dans les crues exceptionnelles. Le lac Tchad est alimenté par un grand fleuve, le *Chari*, et par plusieurs rivières moins importantes. Le Chari prend sa source dans une région inconnue et se jette au sud du lac par un vaste delta.

§ V. — RÉGIONS NATURELLES.

21. Division. — L'Afrique peut se diviser en six grandes régions naturelles, dont deux à **climat tempéré**, la *Berbérie*, au nord, et la *région du Cap*, au sud, et quatre à **climat chaud**, le *Sahara*, le *Soudan*, l'*É-thiopie* et le *plateau austral*.

22. Berbérie. — La Berbérie (Maghreb ou Occident

des Arabes), couverte par les ramifications de l'Atlas, rappelle l'Europe méridionale par son climat sec et brûlant, comme par ses productions. Elle se subdivise en deux régions distinctes : le *Tell*, montueux et boisé (nº 7), pays de culture et d'élevage, et les *hauts plateaux*, steppes herbeux, parsemés de grandes lagunes salées; le froid y est très rigoureux en hiver. — Les fauves, *lion*, *hyène*, *panthère*, *chacal*, ne sont pas rares dans la Berbérie; mais leurs ravages sont peu de chose en comparaison de ceux d'un misérable insecte, le *criquet voyageur;* là où passent ses formidables escadrons, il ne reste ni feuilles ni écorce aux arbres, ni un brin d'herbe dans les champs.

23. Sahara. — Le Sahara, que les Arabes appellent le « Pays de la Soif » ou « la Mer sans eau », s'étend, au sud de la Berbérie et de la Méditerranée orientale, des bords de l'Atlantique à ceux de la mer Rouge, sur une largeur moyenne de 1 600 kilom., égalant presque la superficie de l'Europe. Cette immense surface n'est ni une ancienne mer desséchée, comme on l'a cru longtemps, ni un océan de sables, comme beaucoup se l'imaginent encore aujourd'hui; les sables (*areg*), que les vents dressent çà et là en dunes mobiles, n'en occupent que la moindre partie (850 000 kil. car.); de vastes plateaux de roches nues (*hamâda*), des causses couvertes de petits cailloux (*serir*) plus arides que les sables, s'y étendent sur des espaces quatre fois plus considérables (3 600 000 kil. c.); on y trouve aussi des montagnes (*djebel*), les unes nues et décharnées, d'autres sillonnées par des ruisseaux d'eau vive et revêtues d'une assez belle végétation forestière; des *steppes* et des pâtis (1 500 000 kil. c.) qui se revêtent d'un tapis de verdure après les pluies; enfin des **oasis** (200 000 kil. c.) pourvues d'eau, où une riche végétation se développe à l'ombre des forêts de palmiers. — Parmi les principales nous citerons les OASIS MAROCAINES de *Figuig* et de *Tafilelt;* les OASIS ALGÉRIENNES des *Ksours des Oulad-Sidi-Cheikh*, d'*El - Goléa*, d'*Ouargla*, de *Gardaya*, de *Laghouat*, de l'*Oued-R'ir* (Touggourt), des *Ziban* (Biskra) et de l'*Oued-Souf;* les OASIS TRIPOLITAINES de *Ghadamès*, du *Fezzan* (Mourzouk), de *Koufra* et d'*Aoudjila;* les OA-SIS ÉGYPTIENNES de *Faredgha*, de *Siouah*, avec la **vallée et le delta du Nil** ; enfin les OASIS INDÉPENDANTES du *Touât* et de *Ghât*, avec les pays élevés et montagneux du *Djebel-Ahaggar*, d'*Aïr* ou *Asben* et du *Tibesti*.

24. — Le **climat** du grand désert africain est caractérisé par *l'absence* ou *l'insuffisance des pluies*. La **tempéra-ture**, brûlante durant le jour, y est souvent froide pendant la nuit ; à des chaleurs de 60º à 70º au soleil, 40º à 45º à l'ombre, succèdent parfois des températures nocturnes de 2º au-dessous de zéro. Comme la terre y est sans ombre, le ciel y est sans nuages. « La chaleur est quelquefois si intense, qu'il semble que la terre va s'embraser. Dans le lointain, on aperçoit une sorte de flamme qui flambe dans cette atmosphère ardente et flotte au-dessus du sol, voilant légèrement l'horizon ; c'est alors surtout que se produit, sur un bas fond desséché, cet effet de lumière appelé *mi-rage*, qui vient si souvent ajouter aux souffrances du voya-geur altéré. — D'autres fois l'air prend des teintes plus sinistres, le ciel est plus lourd, le sable plus brûlant, l'ho-rizon s'embrase. C'est le *simoun* qui se prépare, la tempête de sable et de feu. Tout à coup on le voit poindre à l'hori-zon comme un gros nuage blafard. Il est déjà là, qui obscur-cit le soleil et qui répand partout dans l'air sa poussière impalpable et brûlante. » (*Missions catholiques.*) — Le *khamsin*, ou vent des cinquante jours, qui souffle en Égypte durant le jour seulement, de la fin de mars au commencement de mai, est également poudreux et mal-sain.

25. Soudan. — Le Soudan ou Nigritie (Takrour des Arabes) s'étend, au sud du Sahara, dans les bassins du Niger et du Nil moyen, depuis le Fouta-Djallon et le golfe de Guinée jusqu'à la mer Rouge ; c'est une suite de plaines et de plateaux sans accidents importants, sauf au sud, dans l'Adamaoua, et à l'est, dans le Darfour, le Kor-dofan et la haute Nubie, qui présentent plusieurs massifs montagneux. Les fleuves, à pente peu sensible, s'y étalent en vastes marécages (lac Tchad, marais du Nil, etc.) durant la saison pluvieuse. — Le **climat** est *chaud* partout, *sec* dans la partie septentrionale, qui se confond avec le Sahara, *humide* et *malsain* dans la partie méridionale. La température y conserve toute l'année une égalité remarquable (23° dans le mois le plus froid, 33° dans le plus chaud). Excepté dans les *steppes* du nord, la plaine du Soudan est partout revêtue d'une splendide **végétation** dans laquelle on distingue le *tamarinier*, le *fromager*, le *baobab*, le *cotonnier*, le *palmier doum*, l'*arbre à beurre*, etc. La **faune** y est également d'une grande richesse ; mais, à part les *insectes*, scorpions, fourmis, termites et vers, qui grouillent partout, les animaux sauvages, l'*éléphant*, la *girafe*, l'*antilope*, l'*hippopotame*, le *singe*, l'*autruche*, etc., sont beaucoup plus nombreux dans les steppes du nord et dans les forêts du sud que dans la partie centrale, où la population est surtout groupée.

26. Éthiopie. — L'Éthiopie ou Abyssinie présente tous les climats étagés dans son massif montagneux. Les vallées profondes (*koualla*) qui en séparent les plateaux, et où l'air ne se renouvelle que rarement et par soubresauts, ont une température extrèmement chaude, lourde et malsaine; pour la faune et la flore, c'est la continuation du Soudan. — Les plateaux de moyenne élévation (*voina-déga*, pays de la vigne, entre 1 800 et 2 500 m.) en sont la partie la plus riche et la plus agréable ; leur température est celle des bords de la Méditerranée, mais avec beaucoup moins d'écart entre l'hiver et l'été. Les *essences forestières* de l'Europe y poussent, avec d'autres qui sont propres à cette région, comme le *kousso*, dont les fleurs fournissent le meilleur spécifique contre le ver solitaire.—Enfin les hautes terres (*déga*) qui dominent les plateaux possèdent des *pâturages* et seraient, en maint endroit, susceptibles de culture, mais il y règne un froid terrible en hiver.

27. Plateau austral. — La partie de l'Afrique comprise entre le Soudan et les montagnes du Cap est un immense plateau d'une altitude moyenne de 1 000 à 1 200 m., bordé à l'est et à l'ouest par des montagnes plus élevées (voir n⁰ˢ 9 et 11). Il y a lieu de distinguer du plateau proprement dit la **zone littorale** qui s'étend à ses pieds, entre les montagnes bordières et la mer. Cette zone de terres basses, à laquelle on peut ajouter la lisière maritime de la Guinée septentrionale et de la Sénégambie, qui la continue au nord-ouest, est généralement humide, chaude, malsaine et très fertile. Sauf au sud-ouest, les *pluies* y sont partout extrèmement abondantes (2 à 3 mètres par an); les blancs ne peuvent s'y acclimater; ce n'est pas que les *chaleurs* soient excessives (26 à 35 degrés), mais elles sont continues, et l'air, saturé d'*humidité*, est d'ailleurs empoisonné par les *miasmes* qui se dégagent des marécages. — Le **plateau proprement dit** doit à son altitude l'avantage d'avoir un climat moins énervant. A l'angle nord-est, le *pays des Somâlis*, largement arrosé durant la saison pluvieuse, est ensuite exposé à de longues sécheresses; il en est de mème des *pori*, vastes espaces inhabités dont la partie orientale du plateau est parsemée entre le lac Victoria et le Zambèze. Ces « pori », tout à la fois déserts, landes, màquis, fourrés et forèts, sont inondés et impraticables pendant la saison des pluies (*masika*), qui dure deux mois et verse des torrents. Les *bassins du Zambèze, du Limpopo, de l'Orange et du Counéné* n'ont que des pluies peu abondantes, souvent tout à fait insuffisantes, surtout au sud-ouest, où s'étend le *désert de Kalahari*. Le reste du plateau (bassins du haut Nil, du Congo, de l'Ogôoué et du Couanza) est largement arrosé, assez sain et très fertile. Il serait, d'après Cameron et Stanley, d'une richesse indescriptible; on y trouve le *palmier à huile*, le *cotonnier*, plusieurs espèces de *poivriers*, de *caféiers*, d'*arbres à caoutchouc*, de *gommiers*, l'*orseille*, et diverses *plantes oléagineuses*. La faune, qui est des plus riches et des plus variées, comprend, entre autres animaux sauvages, l'*éléphant*, le *rhinocéros*, le *buffle*, le *zèbre*, la *girafe*, l'*antilope*, la *gazelle*, l'*hippopotame*, le *sanglier*, des *singes* de toute espèce; les grands fauves, le *lion*, le *léopard* et l'*hyène* n'y sont pas rares; le *crocodile* infeste les lacs et les cours d'eau.

28. Région du Cap. — L'extrémité méridionale de l'Afrique rappelle la Berbérie par son climat tempéré et d'une salubrité parfaite, aussi bien que par la disposition de ses montagnes et de ses plateaux. Elle se divise également en deux régions naturelles : la *région maritime,* qui correspond au Tell, est montagneuse, boisée, très pittoresque, généralement bien arrosée et très fertile, surtout à l'est, dans la Cafrerie et le Natal ; — la *région des plateaux* ou *karrous* (*sol aride,* en hottentot), qui s'étend entre les deux chaînes des montagnes du Cap, se couvre, après les pluies, d'un léger tapis d'*herbes* qui se flétrit bien vite. Les karrous sont parsemés de *broussailles* épineuses, mais on n'y trouve pas d'autre arbre que l'*acacia,* qui croît au bord des torrents. — La première région, au contraire, possède une flore d'une richesse incomparable pour le nombre et la variété des espèces : on ne compte pas moins de quatre cents *bruyères* dans les mâquis du Cap, mais les grands arbres y sont rares. Si le Cap est toujours le paradis des botanistes, il a cessé d'être celui des chasseurs ; les innombrables troupeaux d'animaux sauvages qu'on y rencontrait encore au commencement du siècle ont été anéantis ou se sont retirés au delà de l'Orange.

GÉOGRAPHIE HISTORIQUE

ET ETHNOGRAPHIQUE

---

29. Développement historique. — 1° L'Afrique, qui demeure plongée depuis tant de siècles dans les horreurs de la plus affreuse barbarie, fut pourtant la première éducatrice des peuples européens ; une civilisation grandiose s'épanouissait déjà dans la vallée du Nil alors que l'Europe, couverte de forêts et de marécages, n'était encore habitée que par de misérables tribus sauvages. L'Égypte communiqua à la Grèce le flambeau des sciences et des arts, que Rome emprunta plus tard aux Grecs pour en éclairer à son tour les peuples de l'Europe occidentale. — Mais, avant de devenir la maîtresse du monde, Rome fut longtemps tenue en échec par une ville africaine, **Carthage,** cité maritime et commerçante fondée par des marchands tyriens. Après une lutte héroïque de 120 ans, au cours de laquelle elle mit plus d'une fois sa rivale à deux doigts de sa perte, Carthage succomba et fut détruite de fond en comble. Toute la région de l'Atlas fut conquise et divisée en provinces. Les *Vandales* s'en rendirent maîtres au ve siècle, puis les Arabes musulmans (viie et xie siècle), qui en firent un centre de piraterie jusqu'à la conquête de l'Algérie par la France (1830).

2° A part la vallée du Nil et la région de l'Atlas, l'Afrique, séparée du reste du monde par le Sahara et par des océans inexplorés, demeura terre inconnue pour les Européens jusqu'à l'époque moderne, malgré les écrits des géographes et des voyageurs arabes, Ibn-Batouta, Léon l'Africain, Ibn-Khaldoun, etc. Au xve siècle, les **Portugais** en reconnurent les côtes occidentales depuis le détroit de Gibraltar jusqu'au cap de Bonne-Espérance, que Vasco de Gama eut la gloire de doubler le premier (1497). Mais ils se contentèrent de fonder des établissements sur les côtes, sans pousser bien loin leurs explorations à l'intérieur. Pourtant il semble que des missionnaires catholiques pénétrèrent jusqu'aux grands lacs équatoriaux qu'on trouve figurés sur un globe du xvie siècle.

3° Les relations qui s'établirent, à partir de cette époque, entre l'Europe et l'Afrique ne tournèrent pas à l'avantage des Africains ; durant trois siècles, le « continent noir » fut dépeuplé au profit du nouveau monde. Des millions d'esclaves ont été ainsi arrachés de leur pays et transportés des rivages de la Guinée dans les mines et les plantations d'Amérique. Ce n'est que dans le cours du xixe siècle que les nations chrétiennes, cédant enfin aux pressantes exhortations des souverains pontifes, ont aboli la **traite des nègres.** Mais ce trafic infâme continue toujours de fleurir dans les États musulmans.

30. — 4° A l'exemple des Portugais, qui fondèrent au xvie siècle leurs établissements d'Angola, de Mozambique, etc., la France, l'Angleterre et l'Allemagne ont pris pied, les unes après les autres, sur les côtes africaines. — De hardis navigateurs *normands* venaient commercer sur le littoral du Cayor (Sénégal) et jusqu'en Guinée, où ils avaient les comptoirs de Petit-Dieppe et de Petit-Paris dès le xve siècle, avant les expéditions portugaises. Mais c'est seulement vers le milieu du xviie siècle, sous le ministère de Colbert, que la **France** prit possession du *Sénégal,* de *Madagascar,* de *Maurice,* cédée aux Anglais en 1815, et de *Bourbon.* Dans notre siècle, son domaine s'est accru de l'*Algérie* (1830), de la *Tunisie* (1881), du *bassin de l'Ogôoué* et d'une *partie de celui du Congo.* — L'**Angleterre,** après avoir supplanté la Hollande au *Cap,* est devenue peu à peu maîtresse de toute l'*Afrique méridionale;* de plus, elle règne en Égypte sous le nom du khédive. — L'**Allemagne,** la dernière venue (1884), a dû se contenter de ce que les autres avaient négligé de prendre, *côte du Zanguebar* jusqu'aux Grands-Lacs, *territoire* *des Grands-Namaquas et des Damaras,* etc. — Enfin le grand **État libre du Congo,** créé en 1885, sans être précisément une colonie européenne, rentre pourtant dans la même catégorie.

Les **États indigènes** qui ont conservé leur indépendance se font donc de plus en plus rares en Afrique, et la plupart sont menacés, à plus ou moins bref délai, de subir à leur tour la domination européenne. L'Italie ne s'obstine à rester dans la fournaise de Massaouah que dans l'espérance de gagner un jour le Soudan oriental et les plateaux de l'Éthiopie, dont cette ville est la clef. Le *Soudan* est déjà entamé, d'un côté par l'Angleterre, maîtresse du bas Niger, de l'autre par la France, qui possède le bassin supérieur de ce grand fleuve. Le *Maroc* serait depuis longtemps réuni à l'Algérie ou appartiendrait à l'Espagne sans la rivalité jalouse des autres puissances.

31. Explorations modernes. — Jusqu'au XIXe siècle, les connaissances des Européens en Afrique se bornaient à une étroite lisière des côtes; mais le centre du « continent mystérieux » restait toujours couvert d'un voile qui n'est encore levé qu'en partie. L'hostilité trop bien justifiée des nègres, qui ne voyaient dans les blancs que des marchands d'esclaves; la difficulté des voyages dans un pays sans routes, désolé par des guerres continuelles, où le voyageur n'avait à compter que sur lui; plus que tout cela encore, l'insalubrité d'un climat meurtrier, étaient autant d'obstacles capables de décourager les plus hardis et d'arrêter les téméraires assez osés pour les affronter. Aussi que de vies précieuses le sphinx africain a dévorées avant de livrer ses secrets !

1° Le **Sahara** a été exploré par le major anglais *Laing* (1825, de Tripoli à Tombouctou); par le docteur allemand *G. Rohlfs* (1864); par les Français *H. Duverrier* (1858-64), *Paul Soleillet* (1874, de Laghouat à In-Salah); *V. Largeau* (1874-77); le colonel *Flatters,* qui périt assassiné avec son escorte (1880), les *Pères Blancs, C. Douls, E. Monteil,* etc.; par les Allemands *Oscar Lenz* (1879-80, de Tanger à Tombouctou), et *Nachtigal* (1869, de Tripoli à Kouka).

2° La région de la **Sénégambie** et du **Niger** est encore assez mal connue; pourtant les officiers français *Mage, Quintin, Galliéni, Borgnis-Desbordes, Brière de l'Isle, Bayol, Binger,* etc., en ont conquis ou exploré une bonne partie; dès 1887, un petit vapeur descendait le Niger jusqu'au port, aujourd'hui français, de Tombouctou; *René Caillié* avait déjà visité cette ville en 1827. Mais c'est aux Anglais *Mungo-Park* (1795-1805), *John* et *Richard Lander* (1830-1832), que l'on doit la première reconnaissance du cours du Niger.

3° Le **Soudan** central est connu dans son ensemble, grâce aux voyages de *Denham* et *Clapperton* (1822-1825, 1825-1826), qui traversèrent l'espace compris entre le Fezzan et l'embouchure du Niger; de *Barth,* qui, parti de Tripoli (1850), visita le Bornou, l'Adamaoua, le Baghirmi, Tombouctou; de *Vogel,* qui mourut assassiné dans le Ouadaï; de *Nachtigal,* qui explora (1839) le Kanem, le Baghirmi, le Ouadaï, le Darfour (1874); enfin de *Monteil,* qui traversa le Gando, le Sokoto et le Bornou (1892) et de *Mizon,* qui explora l'Adamaoua (1892).

32. — 4° **Le bassin du Nil** a été visité dans presque toute son étendue ; outre les *savants de l'expédition d'Égypte* (1798-1802), qui ont donné une description très détaillée de la vallée du Nil, il convient de citer, parmi les principaux explorateurs : *Bruce* (1768-1772, Abyssinie et Sennaar), *Burckhardt* (1812, Nubie et Égypte), *Ruppel* (1823-1825, Dongolah, Sennaar, Nubie ; 1833, Abyssinie), *d'Abbadie* (1837-1848, Abyssinie, Pays des Gallas), *Burton, Speke, Grant* (1857-1858, 1860-1863, lac Victoria), *S. Baker* (1864, lac M'woutan-Nzighé), *Stanley* (1874, lac Victoria), enfin les missionnaires capucins, *Massaya*, mort cardinal, *L. des Avanchers*, etc. (Gallas), et les *Pères d'Alger* (Ouganda),

5° Le plateau de l'**Afrique australe**, qui était naguère encore une région à peu près inconnue, a été parcouru en tous sens et traversé dans toute sa largeur par de nombreux explorateurs : l'Anglais *Cameron* (1873-1875, de Zanzibar à Benguella), le Portugais *Serpa-Pinto* (1877-82, de Benguella à Durban), l'Allemand *Wismann* (1881-82, de Saint-Paul de Loanda à Zanzibar), les Portugais *Capello* et *Ivens* (1884-85, de Mossamédès à Quilimané), etc. — Des *missionnaires protestants* anglais et des *missionnaires catholiques*, français pour la plupart, se sont établis sur divers points. — L'exploration de la région du **Congo** est poursuivie activement ; parmi les voyageurs français, nous citerons, après *de Brazza*, qui a ouvert la voie, *Crampel, Dybowski* et *Maistre*, qui ont coupé sur plusieurs points la ligne de partage entre le bassin du Congo et ceux du Chari et du Bénoué.

33. — Parmi les grands explorateurs africains, il en est trois qui ont droit à une mention spéciale : ce sont l'Anglais Livingstone, l'Américain Stanley et le Français Savorgnan de Brazza. — **Livingstone** a consacré trente-trois ans (1839-1873) à reconnaître le bassin du Zambèze et la région des Grands-Lacs, où il est mort. — **Stanley** a eu la gloire de faire connaître le premier le cours du Congo, qu'il descendit (1874-1877) depuis Nyangoué jusqu'à son embouchure, au milieu de difficultés énormes et de dangers inouïs. — **M. de Brazza** se consacre depuis 1874 à l'exploration des bassins de l'Ogôoué et du Congo ; il a réussi, seul et sans verser une goutte de sang, à soumettre au protectorat français un pays de 650 000 kilomètres carrés, peuplé de 6 à 10 millions d'hommes.

34. Population. Races. — 1° Il est impossible, dans l'état actuel de nos connaissances, de donner le nombre, même approximatif, des Africains ; d'après certaines évaluations, il atteindrait à peine cent millions ; d'après d'autres, il s'élèverait à deux cents millions au moins. La population se répartit d'ailleurs d'une manière très inégale, suivant la nature plus ou moins favorable du sol et du climat, et surtout d'après la sécurité plus ou moins grande des diverses contrées. — Les pays les plus peuplés sont les plaines et les plateaux fertiles et bien arrosés, comme la *vallée du Nil*, en Égypte, la *région des Grands-Lacs*, le *Soudan central*, la *Sénégambie*, plusieurs parties des *bassins du Niger et du Congo*. Les *déserts* du

Sahara et du Kalahari, les *karrous* du Cap, les *pori* du plateau austral ont, au contraire, une population très clairsemée.

2° Rien de plus embrouillé jusqu'à ce jour que l'ethnographie africaine. Les uns, comme Hartmann, se basant sur ce fait que les divergences entre les différents types africains s'opèrent par des transitions insensibles, les rattachent tous à une *race unique;* d'autres les divisent en deux groupes : les *ulotriques* (à cheveux laineux) et les *lissotriques* (à cheveux droits). Frédéric Muller, s'appuyant principalement sur des données linguistiques, voit en Afrique cinq races différentes : les *Méditerranéens*, les *Pouls*, les *Nègres*, les *Cafres* et les *Hottentots*. Comme il ne nous appartient pas de prendre parti dans ce grave débat, nous nous contenterons de passer sommairement en revue les principaux groupes de peuplades, en les rangeant en trois catégories, *blancs, éthiopiens* et *nègres*. — **Au type blanc** se rattachent les *Arabes* de la Berbérie et du Sahara, les Arabes marchands et esclavagistes de la côte du Zanguebar et du Soudan oriental, les *colons européens* et les *Boers* (descendants de Hollandais et de Français) de l'Afrique australe.

3° **La race éthiopienne** forme la transition entre le type blanc et le type nègre ; elle a le teint cuivré ou noir, les cheveux lisses ou seulement ondulés, mais non laineux, une taille bien proportionnée, et un ensemble de traits qui rappelle le type blanc. Elle comprend les *Abyssins*, les *Gallas* des plateaux sud-éthiopiens, les *Nubiens* (Berabras, Foundjs et Bedjas), les *Coptes* égyptiens, les *Pouls*, appelés aussi Foullas, Foulbés, Fellatahs, Peuls, etc., dont l'habitat s'étend à travers le Soudan, des bords du Nil aux rivages de l'Atlantique; les *Nyams-Nyams* et les *Monbouttous* du bassin de l'Ouellé, les *Masaï* de la région du Kénia, les *Somâlis*, les *Danakils*, enfin les *Berbères* (Chellouli et Amazighs du Maroc, Kabyles de l'Algérie, Touareg du Sahara, etc.).

35. — 4° **La race nègre**, qui comprend la majeure partie des Africains, se subdivise en plusieurs races secondaires, *nigritiens, bantous, hottentots, boschimans* et *malgaches*. — Les NIGRITIENS ou NÈGRES PROPREMENT DITS peuplent le Soudan, la Sénégambie et les côtes septentrionales du golfe de Guinée; on distingue parmi eux les *Tibbous* des oasis orientales du Sahara, les *Chillouks* du bassin du haut Nil, les *Dinkas* du bassin du Bahr-el-Gazal, les indigènes du Soudan, les *Wolofs* et les *Mandingues* du Sénégal, les *Sérères* de la Gambie, les *Krous*, les *Achanti*, les *Fanti*, les *Dahoméens*, les *Egbas* et les *Yoroubas* des bords du golfe de Guinée. — Les BANTOUS ou CAFRES (de l'arabe *kafir*, infidèle) ont, en général, des formes bien prises, une haute stature, un teint plutôt brun jaunâtre ou cuivré que noir; ils habitent le plateau austral. Les *M'Pongoués* du Gabon, les *Batékés* et les *Boubanghi* du Congo, les *Bagandas* des bords du lac Victoria, les *Ouasouahili* de la côte de Zanguebar, les *Barotsès*, les *Makololos*, les *Matébélés* du bassin du Zambèze, les *Betchouanas*, les *Zoulous*, etc., appartiennent à la famille bantoue. — Les HOTTENTOTS ou Koï-Koïns, divisés en *Griquas, Koranas* et *Namaquas,* et les Boschimans, sont cantonnés dans la région sud-occidentale. — Les habitants de Madagascar, désignés sous le nom de Malgaches, appartiennent, les uns (*Antankares, Sakalaves, Betsiléos*) à la famille bantoue, les autres (*Hovas*) à la race malaie.

36. Langues. — La linguistique africaine n'est pas beaucoup plus avancée que l'ethnographie; il est à peu près impossible de se reconnaître au milieu de l'incroyable variété que présentent tant d'idiomes, dont la plupart sont presque inconnus ou du moins très insuffisamment étudiés. On les ramène à huit groupes principaux : idiomes *sémitiques* et *chamitiques,* langues des *nubiens, des nègres,* des *bantous,* des *hottentots,* des *boschimans* et des *malgaches.* — Les deux premiers groupes ne renferment que des *langues flexionnelles,* et les six derniers, des *langues agglutinantes.*

Les principaux **idiomes sémitiques** sont l'*arabe,* qui domine dans tout le nord, de la Méditerranée au Soudan; et le *ghez,* langue sacrée des Abyssins, souche commune du *tigréen,* de l'*amharique* et du *harari,* qui sont les parlers usuels de l'Éthiopie et du Harar. — Les **langues chamitiques** se subdivisent en trois groupes secondaires : le copte, usité dans la liturgie des chrétiens monophysites d'Égypte; le groupe libyen, comprenant les divers dialectes berbères, *kabyle* (Algérie), *tamacheck* (Sahara), *Chilla* (Maroc), *zénaga* (frontière du Sénégal); enfin le groupe éthiopien, qui renferme l'*agaou,* le *somâli,* le *danakili,* le *galla,* le *bedja,* etc.

Les **idiomes nubiens** se divisent en *nubien* proprement dit et en *poular* ou langue des Pouls. — Les **langues des nègres** sont très nombreuses, — Hovelacque en énumère plus d'une cinquantaine, — et n'ont souvent que peu de rapports entre elles; celle dont le domaine est le plus étendu est le *haoussa,* idiome du commerce dans l'Afrique centrale. — Le *hottentot* et le *boschiman* comprennent chacun plusieurs dialectes. — La **langue des Hovas** de Madagascar se rattache aux idiomes malais.

37. Religions. — L'Afrique est *fétichiste* au centre, à l'ouest et au sud, *musulmane* au nord et sur la côte orientale; on y trouve un certain nombre de *juifs,* et des *chrétiens* appartenant à diverses communions.

Le **fétichisme** règne sur les *nègres* proprement dits, les *bantous,* les *hottentots,* les *boschimans* et les *malgaches.* A s'en tenir à ses pratiques extérieures, adoration de honteuses idoles, divinisation des forces de la nature, sacrifices humains, etc., le fétichisme des nègres africains respire le matérialisme le plus abject; mais sous les dehors grossiers et parfois révoltants que revêt ce culte, « on est étonné de découvrir un enchaînement de doctrines, tout un système religieux où le spiritualisme tient la plus grande place... La religion des noirs est un mélange bizarre de monothéisme, de polythéisme et d'idolâtrie. Dans ce système religieux, l'idée d'un Dieu est fondamentale; ils croient à l'existence d'un être suprème et primordial, le seigneur de l'univers, qui est son ouvrage. Ce monothéisme reconnaît en même temps l'existence d'une foule de dieux inférieurs et de déesses subalternes. Chaque élément a sa divinité qui lui est comme incorporée, qui l'anime, le gouverne et est l'objet de l'adoration. C'est, sur une vaste échelle, la déification de la nature entière. Au-dessous des dieux et des déesses se trouve un nombre infini de génies bons ou mauvais, puis vient le culte des héros et des grands hommes qui se sont distingués pendant leur vie. Les noirs rendent aussi un culte aux morts et croient à la métempsycose ou migration des âmes dans d'autres corps. Ils croient à l'existence d'un olympe, séjour des dieux et des hommes célèbres devenus fétiches; à un monde inférieur, séjour des morts, et enfin à un état de châtiment des grands criminels... En un mot, leur religion est en tout semblable au vieux polythéisme des peuples anciens. » (*Missions catholiques.*) — On donne proprement le nom de *fétiche* à un objet matériel, auquel le féticheur (prêtre des fétiches) a uni intimement un dieu ou un génie. Ces *féticheurs*, sorte de sorciers aussi méprisés que redoutés, sont un des grands fléaux de l'Afrique païenne : non seulement ils se jouent de la crédulité des pauvres nègres en leur vendant bien cher des charmes, « grigris » ou « médecines », contre toute espèce d'accidents, mais encore ils abusent de leur autorité pour commettre les plus odieux forfaits. C'est une persuasion assez commune, chez beaucoup de peuplades, que la mort n'est jamais naturelle, mais toujours causée par quelques maléfices. Le sorcier désigne le coupable, qui est égorgé ou brûlé vif. Si un enfant vient au monde dans certaines conditions regardées comme néfastes, le sorcier exige sa mort; un missionnaire du Zanguebar ne craint pas d'affirmer que dans l'Ousigoua les deux tiers au moins des enfants sont d'avance destinés à périr. « Un grand chef de nos environs, dit-il, m'a avoué qu'il a eu cinq enfants de sa première femme : tous les cinq ont été étranglés, au jour de leur naissance, par la propre mère du chef! Depuis mon arrivée dans la mission, quatre enfants sont nés dans le village du même chef : tous les quatre ont été étranglés ! » (*Missions catholiques.*)

38.—Le **mahométisme**, qui est expirant en Europe et stationnaire en Asie, a conservé en Afrique toute sa force d'expansion, et il ne cesse d'y faire de rapides progrès. La Berbérie, la Tripolitaine, le Sahara, l'Égypte, la Nubie, le Soudan oriental, font depuis longtemps partie de son domaine; il a conquis dans ce siècle le Soudan occidental et une partie de la Sénégambie; il est dominant sur la côte orientale, depuis le cap Guardafui jusqu'au Mozambique; en dépit des Anglais, il exerce toujours une grande influence dans l'Ouganda, dont il s'était emparé en 1888. La ferveur de prosélytisme qui anime les musulmans africains est soigneusement entretenue par une dizaine de CONFRÉRIES RELIGIEUSES, dont la plus importante est actuellement celle des *Senousiya;* elle étend ses ramifications du Sénégal à la Mésopotamie, possède 70 couvents (*zaouias*) qui lui servent de centres de propagande et compte près de deux millions de confrères (*khouans*), « tous entre les mains de leur cheik, comme le cadavre entre les mains du laveur des morts. » Ce cheik réside dans l'oasis de Faredgha, qui appartient nominalement à l'Égypte, mais ne dépend en réalité que du supérieur de la confrérie. — La propagation de l'islamisme est un immense malheur pour les Africains ; non seulement il entretient parmi eux la hideuse plaie de l'esclavagisme (n° 40), qui a déjà dépeuplé de vastes régions, mais encore il ruine ce qui peut rester de bon dans le cœur des pauvres nègres qu'il séduit. « Au-dessous du noir fétichiste, écrit un missionnaire, il y a encore un être plus bas : c'est le fétichiste devenu musulman. À la corruption et aux superstitions qu'il garde, il ajoute deux vices qu'il n'avait pas : le fanatisme et l'orgueil, deux obstacles anormaux au christianisme. Le nègre païen se convertit ; le nègre musulman est inaccessible. » (*Missions catholiques*).

On trouve un certain nombre de **juifs** au Maroc, en Algérie et en Abyssinie. Les juifs abyssins, nommés *falachas*, forment une communauté nombreuse (200000) et fervente ; au rebours de ce que font partout leurs coreligionaires, ils réprouvent le commerce comme contraire à la loi de Moïse.

39. — Le **christianisme** ne compte en Afrique qu'un nombre relativement restreint de fidèles. Les Coptes d'Égypte et les Abyssins sont, en majorité, *monophysites :* ils suivent les erreurs d'Eutychès, n'admettent qu'une seule nature en Jésus-Christ et rejettent l'autorité du Pape. — Les Boers, les colons anglais et certaines peuplades de l'Afrique méridionale appartiennent à diverses *sectes protestantes*.

Le **catholicisme** est la religion des colons européens de l'Algérie. Les Portugais l'ont aussi introduit dans leurs possessions de l'Angola et du Mozambique, qui renfermaient au XVIIe siècle des chrétientés florissantes. Mais la plupart des peuplades converties y ont été négligées depuis longtemps et n'ont plus guère de chrétien que le nom. — Un grand effort est tenté de nos jours pour arracher l'Afrique aux dégradantes pratiques du fétichisme et la soustraire à l'influence désastreuse de l'islanisme ; des **missions** qui étendent chaque jour le rayon de leur apostolat ont été fondées sur les côtes et bien loin dans l'intérieur, avec des écoles, des orphelinats, des fermes-modèles, où les enfants se forment à une vie laborieuse et chrétienne. Les *Pères du Saint-Esprit* évangélisent la Sénégambie, le Congo français et portugais, l'Angola, la Cimbébasie et le Zanguebar ; les succès qu'ils obtiennent dans leurs orphelinats de Saint-Joseph de Ngazobil (Sénégal), Libreville (Congo), Bagamoyo (Zanguebar), etc., excitent l'admiration de tous ceux qui les visitent. Le Dahomey, le Yorouba, le Bénin, etc., sont confiés aux soins des *Pères des Missions africaines de Lyon*. Les *Jésuites* obtiennent de brillants succès à Madagascar, dans le bassin du Zambèze, en Égypte, où ils ont des collèges florissants. Des *Franciscains* de diverses branches sont établis dans la Tripolitaine, l'Égypte, le pays des Gallas et le Harar. Le Négus d'Abyssinie a chassé les *Lazaristes,* qui n'attendent qu'une occasion favorable pour rentrer dans son royaume. Les missions du Soudan oriental, desservies par les *Pères de l'Institut de Vérone,* ont été ruinées par la révolte du Mahdi. La *Société des Pères d'Alger,* fondée par le cardinal Lavigerie, entretient des missionnaires en Kabylie et dans la région des Grands-Lacs. Des *Trappistes* donnent l'exemple du travail manuel et enseignent les meilleures méthodes de culture aux Arabes de l'Algérie et aux Cafres de l'Afrique méridionale. Enfin des *missionnaires belges* viennent d'être chargés (1888) d'évangéliser les populations de l'État du Congo. Ces immenses efforts ont déjà produit d'heureux résultats ; chaque station de missionnaires est un centre de civilisation ; les indigènes viennent volontiers se fixer autour, pour y trouver la sécurité qui leur fait défaut ailleurs ; ils s'y façonnent peu à peu aux idées et aux mœurs chrétiennes : l'une de ces églises naissantes, celle de l'Ouganda, a déjà envoyé au ciel une centaine d'héroïques martyrs.

40. Esclavage et esclavagisme. — L'Afrique semble avoir été, dès l'origine, la terre de la servitude. L'*esclavage religieux*, entretenu par les féticheurs, y asservit même les rois, qui sont obligés, sous peine d'empoisonnement, de maintenir les plus abominables coutumes. L'*esclavage politique* y fait des moindres chefs les maîtres absolus de la fortune et de la vie de leurs sujets ; enfin l'*esclavage domestique* y réduit toutes les femmes et une bonne partie des hommes à la condition la plus abjecte. Ce n'est pas tout, à ces maux s'ajoute un fléau nouveau. A peine les nations chrétiennes avaient-elles aboli la *traite des nègres* sur les côtes de l'Atlantique, que l'esclavagisme dépeuplait les contrées de l'Est et du centre. L'esclavagisme, mot barbare inventé pour désigner une barbarie nouvelle, sévit aujourd'hui avec une intensité croissante dans les *bassins du Bahr-el-Gazal*, du *haut Nil*, de l'*Oubanghi-Ouellé* et surtout dans celui du *Congo*. Il consiste essentiellement dans la chasse et la capture de malheureux nègres, qu'on traîne ensuite sur les marchés, où on les vend comme de vils animaux ; cette chasse à l'homme est pratiquée par des troupes de bandits armés jusqu'aux dents, et conduits par des traitants arabes ou des métis musulmans. On évalue à 400 000 ou 500 000 le nombre de ceux qui arrivent ainsi chaque année sur les marchés ; mais combien d'autres ont été tués dans l'attaque des villages ! combien ont succombé en route à la faim, à la soif, aux mauvais traitements dont on les accable ! Livingstone affirme que, pour un esclave vendu, il n'y a pas moins de dix vies sacrifiées !

41. Émigration — Immigration. — L'Afrique, qui a fourni tant d'*émigrants forcés*, d'esclaves, au Brésil, aux Antilles, aux États-Unis, et qui ne cesse encore d'en envoyer, malgré toutes les croisières, en Arabie, en Perse, dans la Turquie d'Asie, n'a point et ne paraît point avoir jamais eu d'émigrants libres. Bien plus, un certain nombre de nègres des États-Unis, affranchis et à demi civilisés, ont tenu à regagner le pays de leurs ancêtres, et ont fondé (1848) sur la côte des Graines la petite république de Libéria.

L'Algérie et la Tunisie se peuplent de *colons français, italiens* et *espagnols*. D'assez nombreuses *familles anglaises* vont s'établir dans l'Afrique méridionale, où se sont multipliés, depuis deux siècles, les

Boers, descendants des premiers colons hollandais du Cap et d'un certain nombre de calvinistes français. Le reste de l'Afrique ne reçoit point d'émigrants blancs et n'en peut recevoir, sauf peut-être dans quelques rares endroits privilégiés; le climat est partout meurtrier pour eux.

GÉOGRAPHIE POLITIQUE

42. Division politique. — Au point de vue politique, l'Afrique se divise en un petit nombre d'**États indépendants**, *avec lesquels les gouvernements européens entretiennent des relations diplomatiques suivies : Maroc, Zanzibar, républiques des Boers, État du Congo, république de Libéria;* en États indépendants *non reconnus par l'Europe :* il y en a une multitude innombrable, depuis l'*empire d'Abyssinie,* les grands *royaumes du Soudan* et celui du *Mouata-Yamwo,* jusqu'à ces *petites chefferies* qui se réduisent à quelques villages; enfin, en *colonies* et *protectorats européens.*

Les principaux États ou colonies dont nous traiterons successivement sont :

Au nord, le *Maroc,* l'*Algérie* et la *Tripolitaine;*

Dans le bassin du Nil, l'*Égypte* avec la Nubie et le Soudan oriental, l'*Abyssinie;* sur la côte orientale, le *Sultanat de Zanzibar,* les *possessions allemandes* et *anglaises du Zanguebar* et les *possessions portugaises du Mozambique;*

Au sud, les *colonies anglaises de Natal et du Cap* avec leurs dépendances, et les deux *républiques des Boers;*

Sur la côte sud-occidentale, les *possessions allemandes de la Cimbébasie et du Cameroun,* les *possessions portugaises de l'Angola,* l'*État du Congo,* le *Gabon* et le *Congo français;*

Sur les côtes de la Guinée et de la Sénégambie, les diverses *possessions européennes*, et spécialement les *colonies françaises du Sénégal et du Soudan*.

Enfin, au centre, les *royaumes du Soudan*.

MAROC

43. — Le Maroc (*Maghreb-el-Aksa*, occident extrême des Arabes), situé à l'extrémité occidentale de la Berbérie, n'est séparé de l'Algérie française que par des limites conventionnelles assez indécises. L'étendue des États soumis à « Sa Majesté Chérifienne » est de 600 000 à 800 000 kilom. carrés ; mais les cinq sixièmes à peu près sont habités par des populations berbères qui ne reconnaissent point l'autorité de l'empereur et vivent dans une sauvage indépendance. Il est impossible de donner, même approximativement, le nombre des Marocains, les évaluations extrêmes variant énormément (2 750 000 à 15 000 000) ; Reclus le porte à 8 ou 9 millions. A part 100 000 Juifs, enrichis par le négoce, mais méprisés et opprimés, la population ne se compose que de musulmans fanatiques. — Le gouvernement de Sa Majesté Chérifienne, qui prend le titre de « sultan de Fez, de Tafilelt, Maroc et Sous, » est despotique et s'exerce avec un arbitraire qui ne connaît point de bornes.

Les **villes principales** du Maroc sont :

Fez (70 000 h.), résidence habituelle du sultan, cité commerçante et industrielle ;

Méquinez (25 000 h.), le Versailles marocain ;

Maroc (50 000 h.), la seconde capitale, située au bord d'une immense forêt de palmiers, ville grandiose vue du dehors, sordide au dedans ;

Taroudant (8 000 h.), dans la fertile vallée de l'Oued Sous, ville de chaudronniers, dont les produits s'exportent au Soudan ;

Mogador (18 000 h.), sur l'Atlantique, et *Tanger* (20 000 h.), sur le détroit de Gibraltar, ports de commerce ; enfin

Tétouan (22 000 h., dont 6 000 juifs), l'un des centres du monde israélite;

Abouam, capitale de l'oasis de Tafilelt, important marché de peaux tannées, de plumes d'autruche et d'esclaves.

Les Espagnols possèdent sur la côte marocaine plusieurs presidios ou bagnes dont les principaux sont *Ceuta* (7 000 h.) et *Melilla*.

ALGÉRIE

44. Développement historique. — La région de l'Atlas, habitée d'abord par les *Numides*, tomba au pouvoir des *Romains* après la chute de *Carthage*. Les Numides latinisés se convertirent de bonne heure au Christianisme et eurent la gloire de donner à l'Église des milliers de *martyrs* et d'illustres *docteurs;* parmi ces derniers il faut citer saint Augustin, l'un des plus grands génies qui aient jamais existé. — Ravagée par les *Vandales* au Ve siècle, cette malheureuse contrée fut de nouveau pillée, au VIe, par les *Arabes* musulmans, et finalement occupée par eux au XIe. Ceux des Numides qui purent échapper aux massacres se réfugièrent dans les montagnes et dans le désert; c'est là que leurs descendants, les *Berbères*, ont conservé leur nationalité, mais en perdant leur foi. Quant aux Arabes, leur paresse eut bientôt stérilisé les fertiles contrées qu'ils avaient envahies. Pour se procurer des travailleurs, ils eurent recours à la *piraterie* et se livrèrent à la chasse à l'homme sur les côtes d'Espagne, de France et d'Italie, comme leurs coreligionnaires le font aujourd'hui sur le plateau austral. Le Portugal, l'Espagne et la France essayèrent, à plusieurs reprises, de mettre fin à ce brigandage, qui n'a cessé que par l'occupation de l'Algérie (1830). — La Tunisie, tout en restant nominalement soumise au bey, est devenue terre française en 1881; l'autorité du bey s'exerce seulement sur la population indigène, et un résident général français est chargé d'en contrôler les actes.

45. Population. — La population de la Berbérie entière, Maroc compris, s'élève à 13 ou 14 millions, et se répartit ainsi :

Maroc . . . . 8 à 9 millions.
Algérie 4   »
Tunisie . . . . 1 1/2   »

A part un demi-million d'**Européens** (270 000 *Français* d'origine) dans l'Algérie et la Tunisie, cette population se compose d'**indigènes** appartenant à deux races principales, les *Arabes* et les *Berbères*.

Les Arabes, maîtres du pays par droit de conquête, au lieu d'être la race dominante, comme on l'a malheureusement cru trop longtemps, ne représenteraient, d'après le général Faidherbe, que quinze pour cent de la population totale de la Berbérie ; mais comme ils ont imposé leur langue à beaucoup de tribus berbères, il est souvent difficile de distinguer des Arabes purs ces Berbères arabisés. Les Arabes sont relativement moins nombreux au Maroc qu'en Algérie ; ils mènent, en général, la *vie pastorale*.

Les **Berbères**, qui composent, d'après Faidherbe, les trois quarts de la population, se divisent en deux groupes ; les uns, comme les *Amazhighen* et les *Chellouli* du Maroc, les *Kabyles* de l'Algérie, cantonnés dans les parties les moins accessibles de l'Atlas, sont de laborieux agriculteurs, durs à la fatigue, d'un caractère fier et indépendant. Ils se gouvernent en petites républiques, d'après les prescriptions d'une loi traditionnelle qu'ils nomment « kanoun » ; il n'est pas de gouvernement plus démocratique que le leur, ni de peuple où l'égalité soit plus complète. — D'autres Berbères, fortement arabisés, les *Touareg* et les *Aouellimiden* du Sahara, forment, au contraire, une société essentiellement aristocratique : abandonnant à leurs serfs et à leurs esclaves la culture des oasis, ils se livrent au commerce et souvent au brigandage ; ce sont les pirates du désert. Mais tous les Berbères pratiquent la monogamie, et les femmes sont, parmi eux, l'objet d'égards dont les autres peuples musulmans ne présentent point d'exemple.

46. — Le nom de *Maures,* qui servait autrefois à désigner tous les mahométans, ne s'applique plus qu'à ceux des villes du littoral barbaresque, qui sont de race très mêlée, et aux nomades, qui parcourent le Sahara occidental, du Maroc au Sénégal.

Les *Juifs*, au nombre de 200 000 environ, qui exercent le trafic dans les villes, sont l'objet du mépris et parfois des sévices des musulmans.

La race *nègre* entre pour une petite part (5 p. 100 d'après Faidherbe) dans la population de la Berbérie ; beaucoup de tribus, arabes et berbères sont fortement teintées de sang noir.

Tous les indigènes (sauf les Juifs) sont mahométans ; toutefois les Berbères ont gardé un certain nombre de pratiques chrétiennes, la monogamie, le respect de la femme, l'usage de la croix, etc.

47. Administration.—L'administration de l'**Algérie** est confiée à un gouverneur, assisté d'un conseil supérieur. La colonie se divise en territoire civil et en territoire de commandement : le **territoire civil** comprend la partie du Tell où sont fixés les colons ; il se subdivise en **trois départements**, *Oran*, *Alger* et *Constantine*, administrés par des préfets. Le territoire de commandement ou territoire militaire, qui comprend le reste de la colonie (plus des trois quarts), se subdivise en **trois provinces**, commandées par des généraux.

La **Tunisie**, qui est un *pays de protectorat*, a une organisation différente : les indigènes y restent soumis à l'autorité du bey; mais les étrangers relèvent des tribunaux français. Le résident général français, chargé des relations extérieures, dispose des finances et de l'armée.

· 48. Villes principales. — La surface de l'Algérie-Tunisie est d'environ 670 000 kilom. car.; les villes principales sont :

Dans la **province d'Oran**, *Tlemcen* (20 000 h.), la Grenade africaine, située au milieu de vignes, d'olivettes et de jardins; *Oran* (74 000 h.), port très fréquenté, la seconde place de commerce de l'Algérie; *Mascara*, qui fut la capitale du royaume d'Abd-el-Kader.

Dans la **province d'Alger**, *Orléansville* (3 000 h.), *Miliana* (4 000 h.), *Blida* (11 000 h.) et *Bouffarik* (4 000 h.), sur le chemin de fer d'Alger à Oran; **Alger** (82 000 h., plus de 100 000 avec la banlieue), chef-lieu de la colonie, gracieuse ville, bâtie en amphithéâtre au bord d'une mauvaise rade; *Médéa* (4 000 h.), renommée pour ses vins et ses asperges; *Tizi-Ouzou* (4 000 h.), chef-lieu administratif et grand marché de la Kabylie; *Dellys* (4 000 h.).

Dans la **province de Constantine**, les ports de *Bougie* (6 000 h.), *Philippeville* (15 000 h.), *Bône* (26 000 h.) et *la Calle* (3 000 h.); *Constantine* (40 000 h.), bâtie sur une roche tabulaire dont les parois verticales plongent, d'une hauteur de 60 à 150 mètres, dans la gorge étroite où coule le Rummel; *Sétif* (6 000 h.) et *Soukahras* (5 000 h.), grands marchés agricoles sur le chemin de fer d'Alger à Tunis; *Guelma* (4 000 h.), jolie ville située au milieu de vignobles et d'olivettes; *Batna* (3 000 h.), sur le plateau; *Biskra* (3 000 h.), à l'entrée du désert, station hivernale qui commence à être fréquentée.

Dans les **oasis**, *El Abiodh*, centre principal des Oulad-Sidi-Cheik; *Laghouat*; *El Goléah*, la plus méridionale des oasis françaises; *Metlili*, ville principale des Chamba; *Ghardaya* (10 000 h.), capitale des Mzabites; *Ouargla*

(2 000 h.); *Tougourt*, ville principale des oasis de l'Oued-R'ir; enfin *El Oued*, capitale du Souf.

Dans la **Tunisie** (116 000 kil. car.), **Tunis** (135 000 h.), la capitale, sur une lagune sans profondeur, maintenant pourvue d'un excellent port; au nord de son avant-port, *la Goulette*, le littoral et les collines sont couvertes de ruines informes; c'est tout ce qui reste de Carthage. Les autres ports de la Tunisie sont *Bizerte* (5 000 h.), sur un lac qui pourra abriter des flottes entières, lorsque les travaux entrepris pour donner plus de profondeur au chenal qui y donne ac-

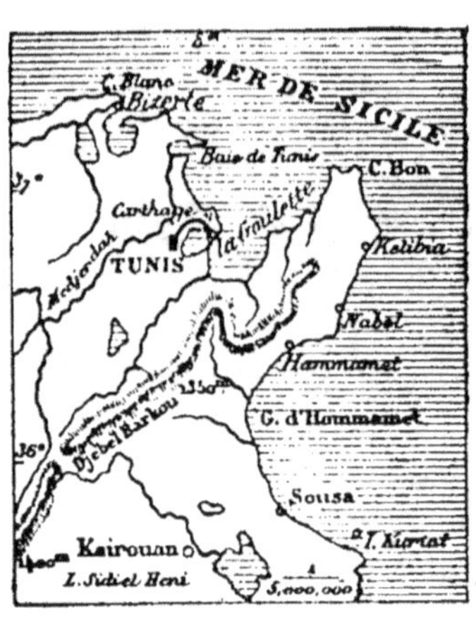

Tunis.

cès seront terminés; *Sfax* (40 000 h.), *Sousa* (8 000 h.) et *Gabès* (10 000 h.). *Kairouan* (20 000 h.), à l'intérieur du pays, est une des villes saintes du monde musulman.

TRIPOLITAINE

49. — La Tripolitaine (1 200 000 kil. car.; 1 000 000 d'h.) forme un des vilayets de l'empire turc, divisé en quatre **provinces** : *Ghât, Fezzan, Tripolitaine* et *Barkah*.

L'oasis de **Ghât**, peuplée de Berbères, n'est soumise que depuis 1874 au gouvernement ottoman. — Le **Fezzan**, au brûlant climat, a une population mélangée d'éléments nègres, berbères et arabes. — La **Tripolitaine** proprement dite s'étend le long du littoral des Syrtes; c'est une région montagneuse, sans cours d'eau permanents, en partie couverte de steppes sahariennes et produisant surtout des olives, des dattes et de l'alfa. La population se compose de Berbères et d'Arabes mélangés; l'oasis de Ghadamès, qui s'y rattache administrativement, est peuplée de Berbères. — Le pays de **Barkah**, l'ancienne Cyrénaïque, est couvert de rochers qui dressent à plus de 1 000 mètres leurs sommets verdoyants sur les bords du golfe de la Sidre; le climat en est délicieux; c'est là que les anciens plaçaient le fameux jardin des Hespérides; l'oasis d'Aoudjila s'y rattache administrativement.

Les **villes principales** sont : dans la **Tripolitaine**, *Tripoli* (30 000 h., dont 4 000 à 5 000 européens), chef-lieu du Vilayet, port de commerce, point de départ des caravanes qui portent au Soudan les produits européens; *Ghadamès*, principal intermédiaire des échanges entre l'Europe et le Soudan; dans le **Fezzan**, *Mourzouk* (7 000 h.), à moitié ruinée par la suppression partielle de la traite des esclaves; dans le **Barkah**, *Bengazi* (15 000 h., dont 1 000 européens), port de commerce qui sert de débouché à de fertiles campagnes.

ÉGYPTE

50. Développement historique. — 1° L'Égypte est le premier pays dont l'histoire ait gardé le souvenir; sa civilisation, aïeule de la nôtre, n'a pas péri tout entière : il nous en reste des monuments d'une grandiose majesté, parmi lesquels il convient de citer les *pyramides*, les *ruines de Thèbes et de Memphis* et les *grottes sépulcrales d'Ipsamboul*.

2° Les trois grandes pyramides de Gizeh, qui se dressent au bord du désert lybien, à une faible distance du Caire, ressemblent moins à des monuments humains qu'à des montagnes de pierre; la plus grande, celle de Chéops a 227 mètres de côté et 137 mètres d'élévation. L'Égypte en renferme d'autres, dont les plus imposantes sont celles de Saqqarah, au nombre de 17. — Auprès de la grande pyramide de Chéops gît, à moitié enfoui dans le sable, un sphinx colossal dont la face mesure neuf mètres.

3° Dans les sables de **Memphis**, un égyptologue français, Mariette, a découvert (1850) un monument antique, le *Sérapéum*, dont le déblaiement a mis au jour sept mille monuments : une allée de *Sphinx* gigantesques, dont 141 sont encore en place, conduit à un vaste temple bâti par Nectanebo; plus loin s'ouvrent d'immenses souterrains qui servaient de tombeau au bœuf Apis, devenu, après sa mort, le dieu Sérapis. — Près des villages de Louqsor et de Karnak, sur la rive droite du Nil, s'étendent les ruines de **Thèbes**, « la ville aux cent portes », couvrant la plaine de ses ossements de granit, statues colossales, allée de 600 Sphinx, temples d'une écrasante majesté. On y admire surtout la salle hypostyle ou des colonnes : 134 colonnes, ayant jusqu'à trois mètres de diamètre et couvertes de sculptures et de peintures, comme le sont du reste les parois de l'édifice, soutiennent un plafond qui atteint 23 mètres d'élévation dans la nef centrale. Sur la rive gauche, où s'étendait la nécropole, on trouve les ruines grandioses du *Ramesséum* (tombeau d'Osymandias) ; celles des temples de Médinet-Abou, dont les peintures et les sculptures représentent, avec une étonnante fidélité, les costumes et les types des nations vaincues par Ramsès III ; enfin le *colosse de Memnon* (20 mètres), qui rendait autrefois des sons harmonieux au lever du soleil. — Plus loin, en remontant le Nil, le *temple d'Edfou*, l'un des monuments les plus instructifs de l'Égypte, se présente dans un tel état de conservation, qu'on le dirait inauguré d'hier. Plus loin encore, en Nubie, ce sont les deux *temples souterrains* (Spéos) d'Ipsamboul, avec leurs salles magnifiques, dont les parois sont couvertes d'inscriptions et de sculptures. L'entrée du grand temple est gardée par quatre statues colossales de 20 mètres de haut.

51. — Tous ces monuments (à l'exception du temple d'Edfou, qui date des Ptolémées) et tant d'autres, qui peuplent nos musées, sont l'œuvre des 26 dynasties royales qui se succédèrent sur le trône d'Égypte durant une époque de 3300 ans selon les uns, 5000 ans suivant d'autres, depuis *Menès,* le premier roi, jusqu'à *Psamétik III,* qui fut vaincu et mis à mort par *Cambyse* (525 ans avant Jésus-Christ). Vingt-quatre siècles se sont écoulés depuis cette époque ; l'Égypte a bien des fois changé de maîtres, mais n'a jamais pu recouvrer son indépendance. — Elle fut conquise sur les Perses par *Alexandre le Grand* (332 ans avant Jésus-Christ) et gouvernée, après sa mort, par les *Ptolémées,* qui y firent fleurir la civilisation grecque ; Alexandrie, avec sa célèbre école, fut un des principaux foyers intellectuels du monde ancien. Réduite en *province romaine* (30 ans avant Jésus-Christ), l'Égypte se couvrit de bonne heure de chrétientés florissantes ; les *monastères* fondés par saint Paul et saint Antoine dans les déserts de la basse Thébaïde (Chaîne arabique), ceux de Scété et de Nitrie dans la vallée du Natron (désert lybien), se peuplèrent d'une multitude de saints anachorètes. Ces monastères, qui existent encore, n'ont pas cessé d'abriter des religieux. Ils sont habités aujourd'hui par des moines coptes.

Au partage de l'empire romain, l'Égypte échut à l'*empereur de Constantinople.* Conquise par les *Arabes* (640), opprimée par les mameluks (1215-1517), elle tomba, en 1517, aux mains des *Turcs,* qui l'ont gardée jusqu'à nos jours. — Depuis 1882, les *Anglais* lui imposent leur protection intéressée ; cachés derrière un fantôme de gouvernement local qui n'a guère d'autre fonction que le rôle odieux d'exacteur d'impôts, ils commandent la force armée, dirigent la police et administrent les finances. Leur intervention a fait perdre a l'Égypte la majeure partie de la Nubie et les régions du haut Nil, dont se sont emparés les fanatiques soldats du Mahdi.

52. Gouvernement. — Population. — Gouvernée de fait par les Anglais, l'Égypte est encore, en droit, une province vassale de l'empire ottoman, auquel elle paye tribut. Le *khédive,* qui en est le souverain nominal, jouit d'une autorité absolue sur ses sujets ; mais, en vertu des capitulations de saint Louis, les étrangers chrétiens dépendent des consuls de leurs nations respectives, et toutes les affaires litigieuses qui les concernent sont portées devant des tribunaux mixtes, où siègent des représentants des principales puissances. Quant aux malheureux *fellâhs* (cultivateurs), taillables et corvéables à merci, habitués à la misère par une oppression plus de soixante fois séculaire, ils supportent sans trop de plaintes les exactions dont ils sont victimes.

La *superficie* officielle de l'Égypte est de près d'un million de kilomètres carrés ; mais le sol habitable, vallée du Nil, delta, oasis du désert lybien (Siouah, Baharieh, Dakhel, Khargeh, etc.), n'égale pas tout à fait 30 000 kilomètres carrés. Près de sept millions d'habitants (246 par kilomètre carré) se pressent dans cet espace restreint. — Le fond de la **population** se compose de Coptes et d'Arabes. Les *Coptes,* descendants des anciens Égyptiens, habitent surtout la haute Égypte et le Fayoum, cultivateurs (fellâhs) dans les campagnes, petits employés et commerçants dans les villes. Ils ont fini par adopter la langue *arabe,* qui est celle de leurs conquérants ; mais près de 500 000 sont restés attachés à la foi chrétienne, malheureusement viciée par les erreurs d'Eutychès ; ils n'admettent qu'une seule nature et une seule volonté en Jésus-Christ. Ils sont d'ailleurs d'une ignorance extrême, et la plupart de leurs prêtres ne comprennent même plus le copte, qui est demeuré leur langue liturgique. Les autres sont, comme les Arabes, des musulmans peu fervents. La polygamie est presque inconnue aux pauvres habitants des campagnes, mais la moitié environ des mariages sont dissous par le divorce. — Les pays qui comptent le plus grand nombre de leurs nationaux dans les 90 000 *étrangers* recensés en Égypte sont la Grèce (37 000), l'Italie (19 000), la France (16 000), l'Autriche (8 000) et l'Angleterre (7 000).— Les Jésuites français et les Frères de la Doctrine chrétienne ont des écoles et des collèges très florissants au Caire, à Alexandrie et dans d'autres villes, de sorte que beaucoup d'Égyptiens parlent notre langue. L'école musulmane du Caire, l'une des principales du monde islamique, ne compte pas moins de 12 000 étudiants.

53. Villes principales. — Le territoire égyptien, considérablement réduit par la révolte du Mahdi, ne dépasse pas aujourd'hui la seconde cataracte. Les villes principales sont :

Dans la basse Égypte ou le Delta : Alexandrie

(230 000 h.), l'un des principaux ports de commerce du monde, la seconde ville de l'Égypte et de l'Afrique entière, incendiée et à moitié détruite par les Anglais en 1882; *Rosette* (17 000 h.) et *Damiette* (34 000 h.), ports de commerce sur les deux principales embouchures du Nil; *Port-Saïd* (17,000 h.), ville toute moderne, bâtie à l'entrée du canal maritime, sur les sables du cordon littoral

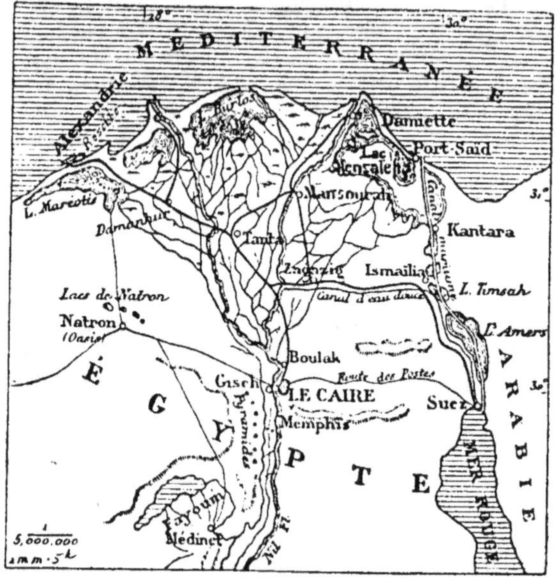

Le Delta du Nil et l'isthme de Suez.

et les boues du lac Menzaleh, excellent port artificiel, grand entrepôt de charbon et de denrées de toutes sortes, incomparablement supérieur, pour l'activité commerciale, au port de *Suez* (11 000 h.), qui s'ouvre à l'autre extrémité du canal; *Mansourah* (27 000 h.), ville industrielle et commerçante, célèbre par la captivité de saint Louis; *Tantah* (34 000 h.), au milieu du delta, où se croisent routes, canaux et chemins de fer, renommée pour ses trois grandes foires annuelles; *Zagazig* (20 000 h.), grand entrepôt de coton et de céréales; le **Caire** (375 000 h.), la capitale, première ville de l'Afrique sous le rapport de la

4

population, remarquable par ses monuments, sa grande école arabe, son musée d'antiquités égyptiennes, fondé dans le faubourg commerçant de *Boulaq* par un égyptologue français, Mariette-Bey; enfin *Médinet* (26 000 h.), chef-lieu du Fayoum, ville gracieuse, située au milieu de roseraies dont les fleurs distillées donnent une essence de grand prix.

Dans la **haute Égypte**, *Minieh* (16 000 h.), importante par son marché et son usine à sucre; *Siout* (32 000 h.), l'ancienne « ville des loups » (Lycopolis), en relation avec les oasis libyennes; *Esneh* (10 000 h.), une des villes les plus commerçantes de la haute Égypte; *Assouan*, la Syène antique, située en aval de la première cataracte; enfin *Ouâdi-Halfâ*, chef-lieu de la province méridionale; au delà, le pays est aux mains des partisans du Mahdi.

54. Nubie et Soudan oriental. — La **Nubie**, le **Soudan oriental** (*haute Nubie, Kordofan, Darfour*), et le **bassin du haut Nil** (*Pays des Chillouks*, des *Nouers*, des *Denkas*), qui furent successivement conquis par les vice-rois d'Égypte (1822-1882), sont aujourd'hui, les uns retombés dans l'anarchie, les autres (Nubie et Soudan) opprimés et pillés par les agents et les bandes du « Mahdi »; cet état de barbarie dure depuis le commencement de l'année 1882. — Les **villes principales** sont, ou plutôt étaient (car la plupart ont été ruinées par l'insurrection):

Dans la **Nubie** (250 000 kil. carrés, un million d'habitants), *Dongola, Abou-Hamed* et *Berber* (18 000 h.), situées toutes les trois sur le Nil; un chemin de caravanes (420 kilom.), très fréquenté, reliait Berber à *Souakin* (11 000 h.), le meilleur port de la mer Rouge; les Anglais l'occupent depuis 1881;

Dans le **Kordofan** (250 000 kil. car.; 300 000 h.), *El Obéïd* (30 000 h.), place de commerce importante, fréquentée par les caravanes du Soudan;

Dans le **Darfour** (500 000 kil. car., 2 à 4 000 000 d'h.), *El Facher* (la résidence), misérable amas de huttes servant de capitale;

Dans la **haute Nubie** (500 000 kil. car., 2 à 3 millions d'habitants), *Khartoum* (70 000 hab. en 1882), sur le Nil Bleu, à peu de distance en amont de son confluent avec le Nil Blanc; *Sennaar* (8 000 h.), également sur le fleuve Bleu, ancienne capitale du royaume des Foundjs;

Dans la **province du haut Nil**, les stations de *Fachôda*, *Lado*, *Gondokoro*, et enfin *Ouadelaï*, où Émin-Pacha réussit à se maintenir pendant sept ans (1882-1889), après que sa ligne de retraite lui eut été coupée par la révolte des derviches de Khartoum.

ABYSSINIE

55. — **L'Abyssinie**, l'ancienne **Éthiopie** (600 000 kilomètres carrés; 8 à 10 millions d'habitants), occupe le massif montagneux où prennent naissance le Takazzé-Atbara, le Nil Bleu et l'Aouach; ce dernier cours d'eau se perd dans des lagunes avant d'atteindre le golfe d'Aden. La population se compose d'Abyssins et de Gallas. Les **Abyssins**, qui sont *chrétiens,* au moins de nom, et à moitié policés, habitent l'Abyssinie proprement dite et le Choa. Ils se font remarquer par la vivacité de l'intelligence, l'harmonie des formes et la noblesse de l'attitude; leur teint varie du noir foncé au brun cuivré. En religion, ils suivent les erreurs d'Eutychès, comme les Coptes égyptiens, chez lesquels ils vont chercher leurs évêques ou « abounas ». — Les **Gallas,** fractionnés en nombreuses tribus, les unes indépendantes, d'autres soumises au Négus, occupent un immense territoire au sud de l'Abyssinie; on vante la beauté de leur prestance, leur intelligence remarquable, leur fidélité à la parole donnée, leur bravoure, mais ils sont batailleurs et cruels; ceux qui sont tributaires de l'Abyssinie se disent chrétiens, sans même soupçonner ce qu'est le Christianisme. Leur langue a, paraît-il, quelque affinité avec celle des Basques.

56. Gouvernement. — **Villes principales.** — Le régime féodal, à peu près tel que l'Europe l'a connu au moyen âge, existe encore en Abyssinie, moins toutefois les garanties que présentait l'hérédité monarchique. Le roi ou **négus**, maître absolu en principe, est obligé de compter avec ses grands vassaux, et il ne s'en fait obéir qu'en maintenant toujours son armée sur le pied de guerre; sa capitale est son camp.

Le royaume se compose de l'Abyssinie proprement dite

et des États tributaires. **L'Abyssinie** se divise en cinq grands gouvernements, *Taka*, *Tigré*, *Lasta*, *Amhara* et *Godjam*, subdivisés en une cinquantaine de provinces. Les principaux **pays tributaires** sont le royaume de *Choa* et l'oasis de *Harrar*, au sud-est; le *Gouraghé*, l'*Enaréa*, le *Kaffa*, etc., au sud-ouest, en pays Galla.

Parmi les **villes principales**, qui ne sont, à part une ou deux exceptions, que de misérables villages, nous citerons : *Kassala* (10 000 h.), chef-lieu du Taka, annexée à la suite de l'insurrection du Mahdi; *Adouah* (3 000 h.), qui a remplacé *Aksoum* (5 000 h.) comme capitale du Tigré, ville sainte, où les rois sont couronnés; *Sokota* (1 500 h.), grand marché de sel; le sel sert de monnaie courante dans une partie de l'Éthiopie, où il est rare; *Gondar* (5 000 à 7 000 h.), métropole religieuse de l'Abyssinie, et résidence de l'Abouna, qui en possède une bonne partie; *Litché* (3 000 h.), capitale actuelle du **Choa** ; *Ankober* (7 000 h.), métropole religieuse et ancienne capitale de ce royaume; *Harrar* (20 000 h.), capitale de l'oasis de même nom, située juste à moitié chemin d'Ankober au port de Zeila; les habitants, musulmans fanatiques récemment soumis à l'Abyssinie, sont des Somâlis et des Gallas arabisés; tous savent lire et écrire l'arabe, qui n'est pourtant pas leur langue usuelle.

57. Pays des Danakils. — L'espace triangulaire qui s'étend au nord du Harrar, entre le massif abyssin et la mer, est peuplé de tribus indépendantes, *Afars* ou *Danakils*, qui élèvent des troupeaux, exportent du sel, escortent et au besoin pillent les caravanes. Plusieurs nations européennes ont fondé des colonies sur cette côte aride et malsaine, dans le but d'attirer à elles le commerce de l'Abyssinie. Les **Italiens** se sont établis à *Massaouah* (70 000 h.), ville bâtie sur un étroit îlot qu'une jetée relie au continent; son port est le meilleur de la mer Rouge après celui de Souakim. La *baie d'Assab*, sur le détroit de Bab-el-Mandeb, est aussi une possession italienne. — La **France** possède *Obock*, à l'entrée du détroit, où il serait facile de créer un bon port, et la *baie de Tadjourah*. — *Zeila*, qui est le principal port du Harrar et du Choa, et *Berbera*, appartiennent aux **Anglais**.

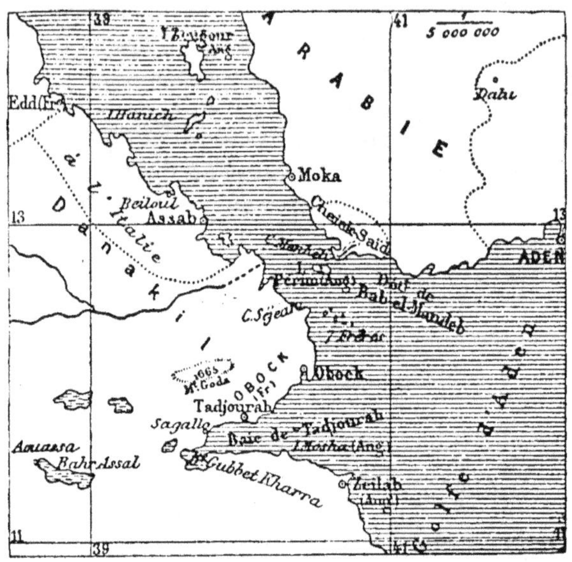

Assab, Obock, Tadjourah et Zeila.

Côte orientale.

58. Possessions italiennes de la Somalie. — Afrique orientale anglaise. — Sultanat de Zanzibar. — L'Italie a établi officiellement (1890) son protectorat sur les côtes orientales de la presqu'île de **Somalie**; mais, malgré ce protectorat, plus fictif que réel, les habitants de l'intérieur, *Somalis* et *Gallas*, continuent de vivre dans une sauvage indépendance, divisés en clans républicains. — Le principal port est *Magdochou* (Mogadoxo).

La colonie de l'**Afrique orientale anglaise**, créée en 1890, confine aux possessions italiennes et à l'Abyssinie, au nord, et à l'État indépendant du Congo, à l'ouest. Ses limites n'étant point déterminées, au nord-ouest, les Anglais pourront, s'ils le veulent, occuper les fertiles régions du haut Nil et le Soudan oriental. Le massif du Kénia, les lacs Rodolphe et Albert, et les quatre cinquièmes du lac Victoria sont enclavés dans cet immense domaine (environ 1 300 000 kilom. car.). Le *pays des Masaï*, l'*Ouganda*, l'*Ounyoro*, etc., deviennent vassaux ou protégés du gouvernement britannique. — Le chef-lieu de la colonie est le port de *Mombaze* (13 000 h.).

Le **Sultanat de Zanzibar**, jadis possession de l'iman de Mascate (Arabie), qui l'avait transmis en héritage (1856) à l'un de ses enfants, a été placé (1890) sous le **protectorat anglais**. — La capitale, **Zanzibar** (100 000 h.), dans l'île de même nom, est le principal port de l'Afrique sur l'océan Indien.

59. Afrique orientale allemande. — La colonie de l'**Afrique orientale allemande**, créée en 1890, est séparée de l'Afrique orientale anglaise par des limites conventionnelles; elle s'étend, à l'ouest, jusqu'au Tanganyka; au sud, jusqu'au lac Nyassa et au fleuve Rovouma; et comprend l'*Ousagara*, l'*Ouniamouési*, etc. Les **Arabes esclavagistes**, qui étaient les vrais maîtres du pays, opposent une vive résistance aux Allemands. La principale ville de l'intérieur est *Oudjiji*, sur le Tanganyka, et le meilleur port de la côte, *Dar-es-Salam*. Celui de *Bagamoyo* a été détruit par un bombardement.

60. Mozambique. — La **colonie portugaise** de Mozambique s'étend entre le Rovouma et la baie Delagoa, bien diminuée, à l'ouest, par les empiétements des Anglais (1890); du reste, en dehors d'un petit nombre de points, où il y a des garnisons, l'autorité de la métropole est nulle ou du moins peu respectée. — Les villes principales sont : *Mozambique* (10 000 h.), chef-lieu de la colonie, dans une île de corail; *Quilimané*, mauvais port sur la bouche septentrionale du Zambèze; *Tété* (4 000 h.), située sur le Zambèze, en amont des gorges des monts Lupata; *Lourenço-Marquès*, sur la baie Delagoa; ce port, qui sera bientôt relié par un chemin de fer avec Prétoria, est appelé à devenir le principal débouché des produits de la république Sud-Africaine.

République Sud-Africaine et État libre
du fleuve Orange.

61. — Les Boers (paysans), descendants des premiers colons hollandais du Cap et d'un groupe de calvinistes français qui s'étaient expatriés à la suite de la révocation de l'édit de Nantes, ne pouvant se résigner à vivre sous la domination anglaise dans la colonie du Cap, passèrent le fleuve Orange avec leurs troupeaux et leurs esclaves, et fondèrent, en 1837, l'*État libre du fleuve Orange,* compris entre ce fleuve et le Vaal. D'autres poussèrent plus loin encore leurs lourds wagons, attelés de sept à douze paires de bœufs, traversèrent le Vaal et s'établirent dans le bassin du Limpopo. Le nouvel État, d'abord désigné sous le nom de *république du Transvaal,* a adopté celui de *république Sud-Africaine,* pour affirmer l'espoir, qu'ont les Boers, de réunir en un seul corps politique les tronçons aujourd'hui séparés des colonies hollandaises de l'Afrique méridionale.

L'État libre du fleuve Orange (130 000 kilom. car.) compte environ 80 000 blancs; les noirs, au nombre de 130 000, appartiennent à la grande famille des *Betchoua-nas.* Ces malheureux ont été violemment dépossédés de leur sol, déclarés incapables de posséder un pouce de ter-rain, et privés de tout droit politique. Ils sont domestiques et manœuvres au service des Boers. — La capitale de l'État, *Bloemfontein* (3 400 h.), passe pour une des villes les plus salubres de l'Afrique méridionale.

La **république Sud-Africaine** (315 000 kilom. car.) renferme près de 120 000 blancs et environ 560 000 noirs, Matébèlés, Betchouanas et Zoulous, divisés en nombreuses tribus. — La capitale est *Prétoria* (5 000 h.).

Colonies anglaises de l'Afrique méridionale.

62. Progrès des Anglais dans l'Afrique méridionale. — Le premier essai de colonisation tenté dans l'Afrique méridionale date du milieu du xviie siècle. Les **Hollandais,** alors maîtres du commerce de l'Inde, des îles de la Sonde et du Japon, sentant le besoin d'avoir un port de ravitaillement sur la route de l'Extrême-Orient, fondèrent une modeste colonie sur les bords de la baie de la Table, à l'endroit où s'élève aujourd'hui la ville du Cap. En 1687 et 1688, un certain nombre de protestants français, que la révocation de l'édit de Nantes avait forcés de s'expatrier, vinrent doubler le nombre de la population blanche et imprimèrent un vif essor à la jeune colonie. Mais, en 1795, l'**Angleterre** s'en empara. On y comptait déjà 27000 blancs, 20000 serfs hottentots et 30000 esclaves nègres. Quarante ans plus tard, mécontents des nouveaux maîtres, qui voulaient leur imposer la langue anglaise et rendre la liberté à leurs esclaves, une partie des premiers colons attelèrent leurs bœufs aux lourds wagons dans lesquels ils avaient entassé leur mobilier, prirent le chemin du nord-est, et fondèrent au nord de l'Orange un État indépendant (n° 61). — Depuis cette époque, les Anglais, devenus tranquilles possesseurs des contrées situées au sud du fleuve Orange, n'ont cessé d'accroître leur domaine; en moins de cinquante ans, ils ont annexé successivement le *Natal* (1846, enlevé aux Boers), la *Cafrerie* (1850-1885), le pays des Griquas (*Griqualand*, 1871, enlevé aux Boers), ceux des Basoutos (*Basoutoland*, 1873) et des Zoulous (*Zoulouland*, 1887); ils occupent depuis 1884 la belle *baie de Walfisch*, située sur la côte de l'Atlantique, à égale distance des bouches de l'Orange et du Counéné; enfin, en 1890, ils se sont emparés, au mépris des droits antérieurs du Portugal, des pays situés au nord et au sud du Zambèze moyen, de sorte que le *Sud-Africain anglais* s'étend du fleuve Orange aux lacs Nyassa et Tanganyka.

Toutes les possessions anglaises de l'Afrique méridionale se rattachent aux deux colonies de *Natal* et du *Cap*.

63. Colonie de Natal et ses dépendances. — La colonie de Natal, avec ses deux annexes, le *Zoulouland* et la *Cafrerie*, s'étend le long de la côte, depuis les possessions portugaises de la baie Delagoa, jusqu'à la colonie du Cap.

Le **Zoulouland** (21 000 kilom. car., 142 000 hab.) est habité par des peuplades belliqueuses, auxquelles la main de fer d'un despote africain avait imposé, au commencement de ce siècle, une organisation exclusivement militaire; la guerre, avec ses tueries et ses pillages, était leur état habituel. Les Anglais ont eu de la peine à les réduire; on sait que c'est sous la sagaie d'un Zoulou que périt le jeune héritier de Napoléon III (1879). Ils se livrent maintenant à l'agriculture. Il n'y a presque pas de blancs dans leur pays.

La terre de **Natal** fut découverte le jour de Noël (Natalis dies) 1497; ses premiers colons furent des Anglais, venus du Cap, qui s'établirent sur la côte. Plus tard (1840), des Boers arrivèrent dans les vallées centrales, où ils fondèrent la ville de Pieter Maritzbourg, mais ils en furent délogés par leurs voisins et obligés de repasser le Drakenberg. — La population s'élève à plus d'un demi-million d'hommes; elle se compose de blancs (50 000), d'ouvriers hindous ou coulis (30 000) et d'environ 400 000 Cafres Zoulous. — Le chef-lieu de la colonie, *Pieter Maritzbourg* (14 000 h.), est une très gracieuse ville; mais le centre principal du commerce est *Durban* (17 000 h.); les laines du Natal et une partie de celles des républiques hollandaises s'expédient par son port aux manufactures de l'Angleterre.

La **Cafrerie** (40 000 kil. car., 500 000 h.) est la région la plus peuplée, la plus pittoresque, la plus fertile et la plus salubre de l'Afrique méridionale. La population se compose de *Griquas* et de Cafres *Basoutos*; ces derniers se distinguent par la beauté des formes, une vive intelligence et un grand courage; de même que leurs voisins, les Zoulous du Natal, et les autres tribus de la famille Betchouana, ils sont cuivrés plutôt que noirs.

64. Colonie du Cap et ses annexes. — La colonie du Cap (575 000 kil. car.) s'étend à l'ouest du Natal, entre le fleuve Orange et la mer. — La **population** est évaluée à un million et demi; le chiffre des blancs est de 500 000 environ (300 000 Boers, 200 000 Anglais et autres). Les indigènes appartiennent à trois races : à l'est vivent des *Cafres*, de la famille Betchouana; à l'ouest, des *Hottentots* ou *Koï-Koïns*, à demi civilisés; au centre, des *Boschimans* ou *Sân*, apparentés aux Hottentots, mais dégradés par la misérable existence qu'ils mènent dans les brousses des Karrous, où ils ont souvent à souffrir de la faim et de la soif, traqués, comme des bêtes fauves, par les Boers et par les *Griquas* (métis issus de pères hollandais et de mères hottentotes; les Boers les désignent sous le nom de *Bastaards*). La taille des Boschimans est inférieure à celle des Lapons, et ils passent à bon droit pour être un des plus tristes spécimens de la race humaine.

La plupart des blancs et presque tous les indigènes convertis sont *protestants;* on ne compte que 10 000 *catho-*

liques, et 15 000 *musulmans* d'origine malaie. — La colonie s'administre librement sous le contrôle d'un gouverneur nommé par la Couronne; les institutions politiques sont calquées sur celles de l'Angleterre.

Les **villes principales** sont : la ville du Cap (*Cape-Town*, 50 000 h.), chef-lieu de la colonie, bon port sur la baie de la Table : un superbe amphithéâtre de montagnes, dominées par le mont de la Table, lui sert de cadre; *Port-Élisabeth* (18 000 h.), sur la baie d'Algoa, d'où s'exportent des laines et des plumes d'autruche; dans l'intérieur, *Grahamstown* (10 000 h.), métropole de l'est, et *King-Williamstown* (6 000 h.), grand entrepôt de laines.

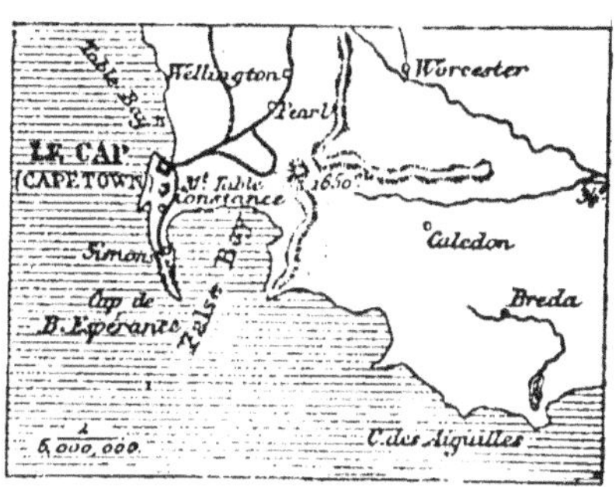

Le Cap.

65. — La colonie du Cap a cinq **annexes** principales : les pays des Basoutos (*Basoutoland*), des Griquas (*Griqualand*), et des Betchouanas (*Betchouanaland*), les *territoires du Zambèze*, et ceux du Nyassa (*Nyassaland*).

Le **Basoutoland** (30 000 kilomètres carrés, 220 000 habitants) est situé dans les hautes vallées de l'Orange et du Calédon (rive gauche); les habitants, instruits et civilisés par les missionnaires, se montrent honnêtes et laborieux; possesseurs de nombreux troupeaux et de champs fertiles, ils vendent annuellement aux pays voisins pour cinq millions de grains et autres denrées; ils jouissent d'une demi-indépendance sous la surveillance d'un résident anglais. — Le **Griqualand** (45 000 kilomètres carrés, 60 000 habitants) faisait partie de l'État libre d'Orange, lorsque la découverte de riches mines de diamant ayant excité les convoitises britanniques, le gouverneur du Cap s'en empara, en 1871. Le sol aride ne peut produire ni fruits ni moissons, mais il renferme de fabuleuses quantités de pierres précieuses; en 17 ans (1871-1887) on n'en a pas extrait moins de 7 000 kilogrammes de diamant d'une valeur de 1250 millions. La ville de *Kimberley* (20 000 habitants), située au centre de la région diamantifère, est rattachée au Cap par une voie ferrée. — Les gouvernements anglais et allemand ayant choisi, d'un commun accord, le 20° degré de longitude à l'est du méridien de Greenwich (17° 40' à l'est de Paris) pour servir de limite commune à leurs annexions futures, le **Betchouanaland** (185 000 kilom. car., 60 000 hab.), comprend la majeure partie du désert de Kalahari et les pays situés entre l'ouest-africain allemand et la république Sud-Africaine. Les *Betchouanas* sont des Cafres robustes et bien faits; autrefois pasteurs et chasseurs, ils se font de plus en plus agriculteurs et adoptent volontiers les usages des blancs. Leur ville principale, *Chochong*, est reliée par des routes de commerce, d'un côté, avec le Griqualand; de l'autre, avec le Zambèze et le lac Ngami. — Les **territoires du Zambèze** et le **Nyassaland** (1 600 000 kil. car., 1 350 000 hab.), sur lesquels les Anglais ont établi (1890) leur protectorat, malgré les justes réclamations du Portugal, s'étendent entre l'Angola et le Mozambique, confinant, au nord, avec l'Afrique orientale allemande et avec l'État indépendant du Congo.

Côte sud-occidentale.

66. Possessions allemandes. — L'Allemagne a pris pied (1884) sur trois points différents de la côte occidentale d'Afrique. 1° Elle s'est emparée de la région aride désignée autrefois sous le nom de *Cimbébasie* (835 000 kilomètres carrés), comprise entre l'Orange et le Counéné; c'est aujourd'hui la colonie de l'**Ouest-Africain allemand**. Les Anglais y possèdent pourtant encore l'excellente *baie de Walfisch* (1760 kilomètres carrés), où ils ont ouvert un port franc pour détourner à leur profit le commerce du pays. La baie allemande d'*Angra-Pequeña* a une rade très sûre, mais l'eau douce fait défaut sur la côte. La population (200 000 à 250 000 habitants) se compose de *Hottentots* (Grand-Namaquas) et de *Boschimans*, très clairsemés, dans la partie méridionale; de *Damaras* agriculteurs et de *Hereros* pasteurs, au centre; enfin d'*Ovampos*, tout à la fois pasteurs et agriculteurs, au nord; ces derniers, dont le nom signifie, paraît-il, « gens à l'aise, » sont divisés en petits royaumes, et leur pays est sillonné de routes sur lesquelles circulent des chariots. — Les Allemands possèdent encore : 2° le territoire de *Cameroun*, au fond du golfe de Guinée (3000 kilomètres carrés, 40 000 habitants), et 3° le territoire *de Togo* (1 300 kilomètres carrés, 40 000 habitants), sur la côte des Esclaves. — La prise de possession de ces diverses colonies est jusqu'ici plus fictive que réelle; à peine y a-t-il un commencement d'organisation.

67. Possessions portugaises. — Les Portugais ont fondé, dès le XV° siècle, des établissements sur la côte sud-occidentale d'Afrique, d'où ils tirèrent trop longtemps des esclaves pour leurs plantations du Brésil. Maîtres des *pays compris entre le Counéné et le Congo*, avec les *îles du Prince et San-Thomé*, et les *pays de Cabinda et de Landana* (1 350 000 kilomètres carrés), ils aspiraient à relier

ces possessions avec celles de la côte orientale, en s'étendant le long
des rives du Zambèze; les Anglais ont mis fin à ce rêve (n°s 62 et 65).
La population indigène, évaluée approximativement à douze millions
d'hommes, se compose de tribus bantou, dont le plus grand nombre
parlent la langue *bounda*. Il n'y a pas plus de 4 000 blancs, fonctionnaires, soldats et marchands. — Les **villes principales** sont:
Mossâmédès (6 000 habitants), sur une côte aride mais saine, en
relations suivies avec *Huilla*, assise sur un plateau relativement
salubre, et devenue importante depuis l'arrivée (1880) d'un groupe
assez nombreux de Boers du Transvaal, qui se sont fixés aux environs; *Saint-Philippe de Benguella* (5 000 habitants), et *Saint-Paul
de Loanda* (14 000 habitants), chef-lieu de la colonie et le principal
port de commerce, sur une baie que protège un long cordon littoral.

68. État indépendant du Congo. — L'État indépendant du
Congo, créé en 1885 par la Conférence africaine de Berlin et placé
sous la souveraineté du roi des Belges, comprend la majeure partie
du bassin du Congo (2 millions de kilomètres carrés environ), mais il
ne communique avec la mer que par une étroite lisière de terrain
sur la rive droite de l'estuaire. Les peuples qui l'habitent (12 à 40
millions, d'après les évaluations extrêmes) appartiennent presque tous
à la race bantou; ils sont en général plus civilisés et plus industrieux
que ceux des côtes, auxquels les Européens n'ont communiqué que
leurs vices: mais le cannibalisme fait d'affreux ravages parmi eux;
deux nations importantes du bassin de l'Oubanghi-Ouellé, celle des
Monbouttous (un million d'hommes) et celle des *Nyams-Nyams*
(2 millions), apparentés aux *Pahouins* du Gabon, se distinguent entre
toutes par leur goût pour la chair humaine, qui tient une grande
place dans leur alimentation. Un certain nombre de peuplades sont
ou étaient naguère encore groupées en États relativement considérables, que l'État indépendant du Congo absorbe les uns après les
autres. Parmi eux nous citerons: dans le bassin du haut fleuve, le
royaume du Msiri, celui du *Kassongo* et le vaste État fondé par
Tippo-Tip en amont des Stanley-falls; les deux royaumes des *Monbouttous*, dans le bassin de l'Ouellé; enfin, dans le bassin du Kassaï,
le grand empire féodal du *Mouata-Yamvo*, etc.

L'autorité des commissaires qui sont censés administrer les onze
districts dans lesquels l'État a été divisé, ne s'exerce effectivement
que dans le voisinage immédiat des postes. Le nombre des Européens
ne s'y élève pas à 1 000 personnes. Le siège du gouvernement est
établi au village de *Boma*, situé sur l'estuaire en aval des chutes.
La force armée se compose de 3 500 noirs, commandés par 80 officiers européens. L'État possède 7 vapeurs sur l'estuaire et 12 sur le
haut fleuve.

69. Possessions françaises. — Le domaine de la France, qui
ne comprenait d'abord, dans cette partie de l'Afrique, que l'estuaire

du **Gabon**, s'est considérablement agrandi par les efforts persé-
vérants de M. de Brazza, et comprend aujourd'hui les **bassins de**
l'Ogôoué, et ceux des *affluents de la rive droite du* **Congo**, entre
le Stanley-Pool et le cours de l'Oubanghi. Ce territoire (650 000 kilomètres carrés), plus grand que la France, deux fois plus peuplé (8 à

Gabon et Congo français..

10 millions d'hommes) que l'Algérie, a été acquis sans verser une
goutte de sang; le souverain (*Makoko*) des Batékés, la plus puissante
nation du pays, a demandé (1880) de son plein gré à mettre ses États
sous le protectorat francais. Les *Batékés* du bassin de l'Alima et les
Boubanghis ou *Apfourous* des bords de l'Oubanghi sont des artisans
industrieux, de solides travailleurs et d'habiles commerçants. Ils
appartiennent à la race bantou, de même que les *M'pongoués* et les
Bakalés du Gabon; mais les *Pahouins* ou *Fans*, guerriers redoutables, qui ont peu à peu refoulé ces deux peuplades vers la mer,
sont de race foulla.

Le chef-lieu du Gabon, *Libreville* (1 500 habitants, dont 140 Européens), est un port de commerce beaucoup plus fréquenté par les Allemands que par les Français.

Le poste principal du Congo français est *Brazzaville* (5 000 habitants en y comprenant les villages voisins), sur le Stanley-pool.

Côte occidentale.

70. — Quatre puissances européennes, la France, l'Angleterre, le Portugal et l'Allemagne se sont partagé presque toute la partie de la côte africaine comprise entre le delta du Niger et l'embouchure du Sénégal. Mais, à part la France, qui a étendu sa domination du rivage de l'Atlantique au Niger par la vallée du Sénégal, l'autorité réelle des Européens ne s'exerce que dans le voisinage immédiat des postes, et leur influence morale expire à une faible distance de la côte. D'ailleurs, les blancs ne peuvent s'acclimater, encore moins travailler dans ces régions malsaines ; leur nombre y est réduit au strict nécessaire, et tous, soldats, fonctionnaires et commerçants sont obligés de revenir, au moins tous les deux ans, respirer l'air natal ; la mort fait chaque année d'effrayants ravages parmi eux. — Les populations indigènes n'appartiennent plus à la grande famille bantou ; ce sont des *nègres* proprement dits, *fétichistes* sur les bords du golfe de Guinée, *mahométans* ou fétichistes en Sénégambie. Ils se fractionnent en un grand nombre de peuplades distinctes, et sont groupés en chefferies, en petites républiques et en royaumes plus ou moins importants. L'*esclavage* existe à peu près partout.

Sous le masque d'une société commerciale, la « Compagnie royale du Niger, » les **Anglais** exercent des droits quasi-souverains sur l'*estuaire du Vieux Calabar* et sur le *bas Niger*, désignés par eux sous le nom de « rivières d'huile », à cause de la grande quantité d'huile de palme qu'ils en exportent. Ils possèdent à peu près le monopole du commerce sur la côte et dans les riches contrées que baigne le Niger moyen. Bien plus, au mépris des stipulations formelles de la conférence de Berlin, qui portent expressément que « la navigation du Niger ne pourra être assujettie à aucune entrave ni redevance », la Compagnie impose des droits de passage, parfois exorbitants, et écarte ses rivaux, même anglais, par toutes sortes de moyens. Les procédés déloyaux de la « Royal-Niger-Company » faillirent faire échouer les deux missions que Mizon conduisit à Yola, par le Bénoué (1891-1893).

71. — Sur la **côte des Esclaves**, qui s'étend le long du golfe de Guinée, entre le Niger et la Volta, les **Anglais** possèdent les deux ports de *Lagos* (65 000 habitants) et de *Badagry* (10 000 habitants). Lagos, bâtie sur une lagune, est la principale ville africaine sur l'océan Atlantique ; elle communique par la rivière Ogoun et par une route de commerce avec **Abéokouta** (120 000 habitants), métropole des Egbas ; ces peuples, menacés par le roi de Dahomey, s'y sont mis à l'abri derrière de solides remparts. La ville, gouvernée par des chefs élus, se divise en une soixantaine de villages distincts. Une autre grande ville du **Iorouba**, *Ibadan* (100000 habitants), est également une confédération de villages ; toutes les deux gardent leur indépendance avec un soin jaloux, mais sont destinées à subir tôt ou tard le joug des Anglais.

71 *bis*. — La France possède, sur la côte des Esclaves, le royaume de **Porto-Novo** et le **Dahomey** (aujourd'hui divisé en trois petits États), qui forment le gouvernement du Bénin. Les principaux ports sont *Porto-Novo, Kotonou* et *Ouïda*.

Le Dahomey, bien que d'étendue assez restreinte (35000 kilom. car.), était naguère un des États les plus justement redoutés de l'Afrique occidentale. Le roi, esclave des sorciers, qui lui réclamaient sans cesse des victimes humaines, entretenait une armée nombreuse et aguerrie, dans laquelle se distinguait le bataillon des Amazones, et la lançait chaque année sur les peuplades voisines, afin de se procurer des victimes. La capitale, *Abomey,* était ainsi inondée de sang à la grande fête des coutumes ; parfois, à défaut de captifs, on égorgeait les spectateurs de ces incroyables tueries. — La France, outragée par le roi Béhanzin, envoya contre lui une expédition commandée par le général Dodds (1892) ; les Dahoméens furent vaincus et presque tout leur pays conquis. Au cours d'une seconde expédition, Béhanzin, abandonné des siens, fut obligé de se rendre (1894).

Les **Allemands** occupent le *pays de Togo,* avec le port de *Petit-Popo.*

72. — La **côte de l'Or**, entre la Volta et le cap de Trois-Pointes, appartient aux **Anglais**, qui y possèdent deux ports assez fréquentés, *Accra-Christiansborg* (25000 habitants), chef-lieu de la colonie, et *Cape-Coast.* — La population indigène se compose de *Fanti* et d'*Achanti,* les premiers groupés en petits États, les seconds formant un royaume, bien amoindri depuis l'expédition anglaise de 1873. Leur capitale, *Coumassie* (35000 habitants), fut détruite, mais elle se relève de ses ruines. Les Achanti, artisans industrieux, commerçants habiles et soldats pleins de vaillance, avaient le malheur d'être soumis à des coutumes sanguinaires, analogues à celles du Dahomey, qui disparaissent sous l'influence anglaise.

Sur la **côte de l'Ivoire**, la **France** possède les postes d'*Assinie* et de *Grand-Bassam.*

La **côte des Graines** ou du Poivre, à l'ouest du cap des Palmes, est le siège de la **république de Libéria**, fondée (1848) par des nègres affranchis venus d'Amérique. La capitale, *Monrovia,* bâtie sur le modèle des cités américaines, est d'une régularité parfaite. Les « Américains de couleur » ont servilement copié leur constitution sur celle des États-Unis. Fiers de leur civilisation empruntée et toute rudimentaire, ces esclaves d'hier affichent un souverain mépris pour leurs compatriotes indigènes. Parmi ceux-ci il y en a pourtant qui les valent bien sous tous rapports; les *Krous* ou Kroumen, en particulier, passent pour les plus forts et les plus laborieux des Africains; ils fournissent de bons matelots aux navires qui visitent ces parages; un certain nombre d'entre eux s'en vont au loin dans les ports de la côte occidentale, où on les emploie aux grosses besognes dont les autres ne veulent point. En rentrant au pays natal, ils y rapportent, avec un pécule, des idées et des goûts qui les rapprochent des blancs.

Au nord de la république de Libéria, on voit se succéder, sur la côte de la **Sénégambie**, la COLONIE ANGLAISE DE SIERRA-LEONE, chef-lieu *Free-town* (30000 hab.), grand marché d'animaux vivants pour les ménageries; — LA COLONIE FRANÇAISE DES RIVIÈRES DU SUD, *Mellacorée, rio Pungo, rio Nunez;* — la GUINÉE PORTUGAISE, chef-lieu *Bolama;* — les ÉTABLISSEMENTS FRANÇAIS DE LA CASAMANCE; — la GAMBIE ANGLAISE, chef-lieu *Bathurst* (3000 h.). Les *Mandingues*, qui peuplent en majorité la colonie, sont des nègres intelligents, musulmans zélés, et grands amateurs de musique; — enfin, la COLONIE FRANÇAISE DU SÉNÉGAL, la plus importante de toute la côte occidentale.

73. Sénégal et Soudan français. — Longtemps réduit aux postes de la côte, le domaine de la France au Sénégal s'est considérablement accru depuis 1854, époque où le général Faidherbe, gouverneur de la colonie construisit le fort de Médine et soumit des peuplades jusque-là indomptées. Depuis lors, de fréquentes expéditions à travers les parties inexplorées et des traités conclus avec les chefs ont assuré à la France la possession réelle ou virtuelle non seulement de tout le bassin du haut Sénégal, mais encore de la région du haut Niger et du royaume foula du Fouta-Djallon, par lequel la colonie sénégalaise touche aux établissements de la Casamance et des Rivières du Sud. Les possessions françaises du Sénégal et du Soudan s'étendent, sur la côte, depuis la Gambie britannique jusqu'au cap Blanc, et dans l'intérieur, depuis l'Océan jusqu'à Tombouctou; cette ville fut prise au commencement de 1894 par le colonel Bonnier, qui périt quelques jours après dans une attaque nocturne des Touareg.

La **population** indigène se compose de *Maures*, de *Ouolofs* et de *Foulas*.

Les MAURES, Berbères arabisés, fortement mélangés d'éléments nègres, promènent leurs troupeaux sur la rive droite du Sénégal, dans les steppes du Sahara sud-occidental; musulmans fanatiques, ils ne se sont soumis aux chrétiens qu'après une série de sanglantes défaites; l'administration française les a séparés en trois groupes: *Trarzas, Bracknas et Douaïchs*, auxquels elle a assigné des territoires nettement limités. — Sur la rive gauche du bas fleuve vivent les OUOLOFS, les Sénégalais par excellence; on en trouve auprès de tous nos établissements; mais la majeure partie est groupée dans le *royaume de Cayor*, gouverné par un souverain électif qui porte le titre de Damel. L'idiome ouolof, qui est celui du commerce dans toute la Sénégambie, est un modèle achevé de langue agglutinante. — Les FOULAS, répandus en familles généralement clairsemées depuis le Darfour jusqu'au Gabon et à la Sénégambie, se présentent en groupe compact au *Fouta-Djallon*, où ils forment un État aristocratique. Bronzés plutôt que noirs, de figure ovale, avec un nez droit et des lèvres minces, les Foulas (Fellatahs du Soudan, Peulhs du Gabon, etc.) ont beaucoup de traits de ressemblance avec les fellahs égyptiens et les Berbères; ils se disent eux-mêmes parents des blancs et sont d'ailleurs très supérieurs en intelligence aux nègres qui les environnent. On trouve parmi eux des artisans habiles; mais la plupart sont pasteurs, quelques-uns seulement agriculteurs.

74. Au point de vue administratif, les possessions françaises dans **le nord-ouest de l'Afrique** (sans compter l'Algérie-Tunisie, nᵒˢ 44-48, et le Dahomey, dont nous avons déjà parlé) sont divisées en quatre gouvernements : *Sénégal, Soudan français, Guinée française* et *côte de l'Ivoire*. — Chacune de ces colonies comprend des « territoires possédés » qu'administrent des agents français; des « territoires annexés », avec des chefs indigènes; enfin des « États protégés », dont la situation est réglée par des traités.

La colonie du **Sénégal** s'étend le long de la côte, depuis le cap Blanc jusqu'à la Guinée portugaise (moins l'enclave de la Gambie anglaise), et dans l'intérieur, sur le bassin inférieur du Sénégal. Le chef-lieu est *Saint-Louis* (20000 h., 60000 avec la banlieue). Parmi les autres villes, nous citerons *Dakar, Rufisque* et *Gorée*, petits ports sur l'Atlantique.

Le **Soudan français**, en voie d'organisation, comprend les bassins supérieurs du Sénégal et du Niger, sans limites bien précises. Le chef-lieu est *Kayes*, sur le Sénégal. Parmi les autres villes, nous citerons *Ségou-Sikoro* et *Tombouctou*, qui était autrefois un centre commercial très important.

La **Guinée française**, chef-lieu *Konakry*, s'étend le long de la côte, entre la Guinée portugaise et la colonie anglaise de Sierra-Leone. Elle comprend les **Rivières du Sud** et le **Fouta-Djallon**.

La **côte de l'Ivoire**, entre la république de Libéria et la côte de l'Or (anglais), comprend le **pays de Kong**, etc.

De plus, par la convention du 5 août 1890, l'Angleterre reconnaît comme rentrant dans la **zone d'influence** de la France, les pays situés au sud de l'Algérie-Tunisie, jusqu'à une ligne allant de Saï, sur le Niger, à Baroua, sur le lac Tchad.

SOUDAN

75. Population. — Les nègres du Soudan se divisent en nombreux groupes ethniques, que l'esclavage et la guerre ont tous plus ou moins mélangés ensemble; les *Mandingues* et les belliqueux *Bambaras* habitent le bassin du haut Niger; les *Sonrhaï* ou *Songhaï*, jadis puissants aujourd'hui opprimés par les *Arabes Aouellimiden*, vivent sur les deux **rives** du fleuve, en aval du grand coude septentrional; les *Haoussaouas,* dans le bassin oriental; enfin le bassin du lac Tchad est peuplé de *Kanouris,* laborieux et fort adroits, mais d'une laideur repoussante; de *Kanem-bous,* etc. Tous les peuples du bassin du Niger sont plus ou moins soumis à la domination des **Foulas** (Fellatahs, Foulbé, Toucouleurs), musulmans fanatiques, que l'on rencontre en groupes épars des bords du Sénégal à ceux du Chari et au delà. Leur suprématie, qui semble déjà sur son déclin, ne date que des premières années du XIXᵉ siècle; en 1803, un de leurs imans fonda l'*empire de Sokoto,* dans le Haoussa; en 1854, le marabout El-Hadj-Omar établit le siège de sa puissance à *Ségou,* sur le haut Niger, et se tailla aux dépens des peuples voisins un empire aussi vaste que la France, mais qui est actuellement complètement disloqué; enfin, dans ces dernières années, un nouveau prophète, Samory, s'essaya à fonder sur la droite du haut Niger, en face des possessions françaises, un État qui est en lutte avec nous. — Les populations nègres du bassin du lac Tchad sont depuis longtemps gagnées à l'*islamisme,* mais celles du bassin du Niger étaient en majorité *fétichistes* avant la domination des Toucouleurs; elles ont été converties de force par les nouveaux maîtres, sans pour cela renoncer à leurs superstitions païennes. — Le *haoussa,* idiome agglutinant, simple et sonore, est la principale langue du commerce au Soudan.

76. États. — Les États soudaniens n'ont point de limites précises, et leur importance relative varie souvent beaucoup d'une année à l'autre. Pour plus de clarté, nous les diviserons en quatre groupes :

1º Dans le **bassin du haut Niger,** il n'y a plus d'États indigènes vraiment indépendants : les pays qui composaient les *États de Samory* passent successivement sous la domination de la France; celle-ci exerce, en vertu de traités, un protectorat plus ou moins effectif sur les *États de Tiéba;* — enfin le *Ségou,* le *Macina* et la mystérieuse ville de *Tombouctou* font actuellement partie du Soudan français.

2º Dans le **bassin oriental du Niger,** les deux **royaumes de Wourno et de Gando** (Haoussa), auxquels se rattachent un grand nombre de royaumes vassaux, astreints au tribut, mais d'ailleurs à peu près indépendants. Le sultan de Gando reconnaît celui de Wourno pour suzerain. Les deux capitales, *Wourno* (15000 h.) et *Gando,* ont beaucoup moins d'importance que *Kano* (35000 h.), ville industrielle, où l'on fabrique des tissus de coton et de soie et des objets en cuir. Comme toutes les villes du Soudan, Kano renferme dans son enceinte des champs cultivés et des jardins; elle est extrêmement malpropre et justement redoutée pour son insalubrité. Citons encore dans le ROYAUME DE NOUPÉ, vassal du sultan de Gando, *Bida* (90000 h.), la capitale, et *Egga*, sur le Niger, le principal marché. — Le bassin du Bénoué renferme l'**Adamaoua**, pays champêtre, montagneux et d'une beauté remarquable, divisé en plusieurs États, vassaux du sultan de Wourno. La capitale du principal de ces royaumes est *Yola* (12000 h.), et la ville la plus importante *Jakoba* (150000 h.).

3° Dans le **bassin du lac Tchad**, le **Bornou** (5 millions d'hab.), capitale *Kouka* (60000 h., plus de 100000 avec la banlieue), située sur la rive occidentale du lac, rendez-vous des caravanes de Tripoli; — le **Kanem** (un million d'hab.), dominé par un petit groupe d'Arabes Oulad Sliman, chassés de la Tripolitaine par les Turcs; — le **Baghirmi**, dans le bassin du bas Chari, capitale *Massénya;* — enfin, le **Ouadaï** ou **Borgou**, capitale *Abêchr*, fondée en 1850. Le Kanem, le Ouadaï et le Baghirmi rentrent dans la zone d'influence française.

4° Dans le **bassin du Nil**, le *Darfour*, le *Kordofan*, la *haute Nubie* (voir n° 57).

Possessions européennes.

77. Possessions françaises. — Le tableau statistique suivant fait connaître les possessions françaises en Afrique, avec leur importance :

	KILOM. CAR.	HABITANTS	Renvois au texte. N°°
Algérie-Tunisie.	670000	5700000	22,23,44-49,87
Sénégal et Soudan . . .	700000	1600000 (?)	19, 73, 74
Guinée, côte de l'Ivoire et Bénin français. . .	»	»	71 *bis*, 72, 74
Congo français	»	5000000 (?)	69
Réunion.	2000	168000	ci-après 78
Sainte-Marie, Mayotte, Comores, Nossi-Bé . .	»	80000	— 78
Madagascar.	590000	3500000 (?)	— 79
Obock et Tadjourah. . .	»	15000	57
Totaux.	2 ¹/₂ à 3 mill.	15 à 18 mill.	

78. — Les deux principales des îles **Mascareignes**,

Maurice et la *Réunion* ou Bourbon sont des terres éminemment françaises par la race et la religion de leurs habitants ; Maurice, bien que séparée de la mère patrie depuis 1815, compte à peine 8 000 Anglais protestants. — La **Réunion** (1 980 kil. car., 168 000 h., 85 h. par kil. car.), montueuse et volcanique au centre (Piton des Neiges, 3 069 m.; volcan du Grand-Brûlé), est très fertile et très peuplée sur tout son pourtour; la principale culture est celle de la *canne à sucre*. La Réunion est assimilée administrativement à un département. Les **villes principales**, toutes situées au bord de la mer, sont : *Saint-Denis* (30 000 habitants), le chef-lieu, sur une rade dangereuse; *Saint-Paul*, qui manque également de port; on en a créé un artificiel à la *pointe des Galets*, située entre ces deux villes; enfin *Saint-Pierre*, pourvue d'un port commode qu'on est en train d'agrandir. Un chemin de fer côtier relie ces villes ensemble. — Le commerce de la Réunion (47 millions) consiste, à l'exportation, en *sucre*, *rhum* et *vanille*.

La France possède encore les **Comores** (Grande Comore, Anjouan, Mohéli et Mayotte, 2 000 kilom. carrés, 50 000 h.), situées dans le canal de Mozambique, dont les productions sont à peu près les mêmes que celles de la Réunion; elle administre Mayotte, mais les autres sont gouvernées par des chefs arabes placés sous notre protectorat. — Les deux petites îles de *Nossi-Bé* et de *Sainte-Marie* et la magnifique *baie de Diégo-Suarez*, l'une des plus belles du monde, sur la côte septentrionale de Madagascar, sont encore des possessions françaises.

79. — **Madagascar**, la plus grande île du monde après la Nouvelle-Guinée et Bornéo, a une longueur de 1 625 kilomètres du cap d'Ambre, au nord, au cap Sainte-Marie, au sud, et une largeur moyenne de 590 kilomètres; son étendue (près de 600 000 kilomètres carrés) est notablement supérieure à celle de la France. Dans son ensemble, c'est une *haute terre*, hérissée de massifs montagneux, dont les points culminants atteignent 3000 à 3500 mètres d'altitude. La *ceinture maritime* et les *plaines* qui s'étendent au sud et à l'ouest sont marécageuses et malsaines. Sa faune est caractérisée par des *lémuriens*, demi-singes dont une trentaine d'espèces vivent dans les bois; un oiseau gigantesque, l'*épiornis*, n'a disparu de l'île que depuis deux ou trois siècles; ses œufs, dont nos musées possèdent quelques spécimens, sont six fois plus gros que ceux de l'autruche.

— La population (3 à 4 millions) se compose de *Hovas*, d'origine malaie, et de peuplades bantou, *Betsimisarakas, Betsiléos, Sakalaves, Antankares*. Les Hovas, établis dans la province centrale d'Emirne ou Imérina, ont étendu de là leur domination sur la plupart des autres peuples; ils sont à demi civilisés et chrétiens, les uns protestants, d'autres catholiques.

Les premiers essais de colonisation tentés par la France à Madagascar datent de 1642; ils ne réussirent pas, et les Hovas, qui n'avaient pas encore acquis la prépondérance dans l'île, profitant de l'abandon où la France laissait cette colonie, réussirent, avec l'aide des Anglais, à imposer leur joug à la plupart des autres peuplades; ce n'est que récemment (1885), après une guerre que la République eut la générosité ou la faiblesse de ne pas pousser jusqu'au bout, qu'ils ont accepté le protectorat français. Grâce à l'énergie de notre premier résident général, M. Le Myre de Vilers, l'influence française paraissait bien assise; mais, depuis, les Hovas semblent prendre à tâche de braver notre autorité.

Les villes principales sont **Tananarive** (100 000 h.), la capitale de l'île, située sur un plateau à 1 460 mètres d'altitude; *Fianarantsoa* (5 000 h.), chef-lieu du pays betsiléo; les deux ports de *Tamatave* (7 000 h.), sur la côte orientale, et de *Majanga* (8 000 h.), au nord-ouest, sur la baie de Bombetok, dans laquelle se jette l'Ikopa, le principal fleuve de l'île. — Madagascar exporte surtout des *bœufs* à Maurice et à la Réunion, des *cuirs*, du *caoutchouc* et du *copal* en Europe.

80. **Possessions anglaises.** — Voici, d'après l'almanach de Gotha (1894), le dénombrement, l'étendue et la population des colonies anglaises en Afrique :

	Kil. car.	Habitants.	Par kil. car.	Renvois au texte. N°s
Berbera, Zeila, etc.	»	»	»	57
Socotora	3 600	12 000	3	80
Afrique orientale anglaise.	1 300 000	»	»	58
Zanzibar (protectorat).	2 560	210 000	82	58
Maurice et ses dépendances.	2 650	392 000	147	80
Natal et ses dépendances.	26 000	690 000	26	63
Le Cap, Walfisch, Betchouanas.	790 000	1 800 000	2	62, 64, 65
Territoires du Zambèze, Nyassaland.	1 600 000	1 350 000	0,8	65
Protectorat du Niger.	»	»	»	70
Lagos.	2 800	87 000	31	71
Côte d'or.	100 000	1 500 000	15	72
Sierra-Leone.	7 800	75 000	9	72
Gambie.	180	14 000	79	72
Ste-Hélène, Ascension, Tristan.	300	5 000	»	4
Total (en chiffres ronds).	4 200 000	5 600 000		

Maurice (1 900 kilom. car.; 370 000 h., dont 250 000 engagés Hindous, Malais et Chinois; 188 h. par kil. carrés), l'île de France, la plus riche et la plus peuplée des Mascareignes (n° 83), est devenue possession britannique en 1815; mais l'élément anglais n'y forme qu'une infime minorité (8 à 10 000). Le chef-lieu, *Port-Louis* (70 000 hab.), situé sur une rade excellente, est une place de commerce très importante (140 millions d'affaires par an). — Le *sucre* et le *rhum* sont les deux principaux articles d'EXPORTATION de l'île; viennent ensuite la *vanille*, les fibres d'*aloès* et l'*huile* de coco. — Maurice a pour **dépendances** administratives *Rodriguez*, les *Seychelles* et les *Amirantes*.

L'île **Socotora**, située à 250 kilomètres du cap Guardafui, est peuplée d'Arabes pasteurs. Elle relève du gouverneur d'Aden.

81. Possessions portugaises. — Le tableau suivant contient la nomenclature et la statistique des possessions portugaises en Afrique.

	Kil. car.	Habitants.	Par kil. car.	Renvois au texte. N°°
Iles du Cap-Vert.	3 850	110 900	29	5
Guinée.	37 000	»	»	72
Iles Saint-Thomas et du Prince. . .	1 080	21 000	20	4
Angola et district du Congo.	1 340 000	12 500 000	9	67
Mozambique.	802 000	800 000	1	60
Total.	2 180 000	13 400 000	6	

82. Possessions espagnoles. — Le tableau suivant présente la nomenclature et la statistique des possessions de l'Espagne en Afrique.

	Kil. car.	Habitants.	Par kil. car.	Renvois au texte. N°°
Présidios marocains.	35	2 500	70	43
Canaries	7 272	300 000	41	ci-après.
Guinée, Fernando-Pô, Annobon, etc.	2 203	69 000	»	»
Sahara occidental.	»	»	»	»
Total.	9 510	371 500		

Les **Canaries,** au nombre de sept, sont des îles montueuses et volcaniques situées dans le voisinage de la côte saharienne; le fameux *pic de Teyde,* dans l'île de Ténériffe, dresse son cône à 3715 mètres au-dessus des flots. Elles étaient connues des anciens sous le nom d'*îles Fortunées.* Au commencement du XV° siècle, un gentilhomme normand, Jean de Béthencourt, s'y installa avec de hardis compagnons et les plaça sous la suzeraineté du roi d'Espagne. Mais les indigènes, de race berbère selon toute apparence, connus sous le nom de *Guanches* résistèrent vaillamment, et il fallut un siècle pour les soumettre. — Le *climat* des Canaries est chaud, relativement sec et très sain. La culture principale est celle du *nopal à cochenille;* ces îles produisent plus de cette précieuse teinture que tout le reste du monde. — Les deux **villes principales** sont *Las Palmas* (18 000 habitants), dans Gran-Canaria, siège du haut tribunal, et *Santa-Cruz de Ténériffe* (17 000 habitants), résidence du gouverneur général.

L'Espagne revendique la possession de la partie de la *côte saharienne,* comprise entre le cap Blanc et le cap Bojador, mais elle n'y a aucun établissement. — Les îles espagnoles du golfe de Guinée, *Fernando-Pô, Annobon, Corisco, Elobey* et le *district de San-Juan,* sur la côte voisine, n'ont qu'une très médiocre importance.

83. Possessions italiennes. — L'Italie possède en Afrique la *baie d'Assab,* avec *Massaouah,* sur la mer Rouge, formant la colonie **Erythrée,** possessions coûteuses et à peu près improductives actuellement, mais qu'elle espère compléter un jour par des acquisitions dans l'**Abyssinie,** sur laquelle elle revendique un droit de protectorat assez mal défini jusqu'ici. Elle a également pris possession de *Magdochou* et de la côte sud-orientale du **pays des Somâlis** (n°ˢ 57-58).

84. Possessions turques. — Le gouvernement turc possède la *Tripolitaine* (1 033 000 kilom. car., un million d'hab.), n°ˢ 49, 98; il a conservé ses droits de suzeraineté sur l'*Égypte* (995 000 kilom. car., 6 820 000 h.), n°ˢ 14, 50, 54, 89-91.

85. Possessions allemandes. — Les possessions allemandes en Afrique ont une énorme étendue (plus de 2 millions de kilom. car.), mais leur valeur est encore minime; leur commerce total ne dépasse pas 35 millions de francs. — Elles comprennent l'*Afrique orientale allemande* (n° 59), l'*Ouest africain allemand* (n° 66), le *Cameroun* (n° 66), au fond du golfe de Guinée, et le territoire de *Togo* (n° 71), sur la côte des Esclaves.

(Le **Congo** (n° 68), constitué officiellement en État indépendant, est, de fait, une **colonie belge.**)

GÉOGRAPHIE ÉCONOMIQUE

86. — Les seules parties de l'Afrique qui aient jusqu'à ce jour une sérieuse importance économique sont la *Berbérie française*, l'*Égypte*, les *possessions anglaises du Cap et de Natal*, avec les quelques îles qui sont colonisées. Partout où les Européens ne sont pas venus secouer la paresse des indigènes et leur apprendre le parti qu'ils pouvaient tirer des richesses de leur pays, la production se réduit au strict nécessaire et ne contribue que dans une mesure insignifiante à alimenter le commerce étranger.

§ I. ALGÉRIE

87. Agriculture. — Malgré les immenses progrès réalisés depuis la conquête, l'agriculture algérienne n'utilise encore qu'une bien faible partie des terrains susceptibles d'être mis en valeur. La principale richesse des Arabes consiste en troupeaux de *moutons*, de *chèvres*, de *bœufs*, de *chevaux*, d'*ânes* et de *chameaux*. Ces animaux, sauf le chameau, se rencontrent aussi dans les villages des colons, avec de nombreux *porcs*. Européens et indigènes du Tell cultivent le *blé*, le *seigle*, l'*orge*, l'*avoine*, le *maïs*, le *millet*. La *culture maraîchère* et celle de la *vigne* prennent chaque année de nouveaux développements ; les *dattes* constituent la principale production des oasis ; l'*olivier* couvre de grands espaces en Tunisie ; mais les habitants n'apportent pas assez de soins à la fabrication de l'huile. L'*alfa* des hauts plateaux est exploité avec activité ; il en est de même de l'écorce du *chêne-liège,* qui rapporterait bien davantage si les forêts étaient mieux aménagées. — L'agriculture algérienne a deux grands ennemis, les *sé-*

cheresses prolongées de l'été et les *sauterelles*. — Le projet de créer une **mer intérieure** dans les bas-fonds du Sahara de Constantine, en y amenant les eaux du golfe de Gabès, semble aujourd'hui abandonné; la surface susceptible d'être inondée ne dépasserait pas 8 200 kil. carrés, et les avantages, d'ailleurs fort problématiques, qui résulteraient d'une pareille entreprise, seraient hors de proportion avec les énormes dépenses qu'elle nécessiterait.—Plus utile et moins coûteux est le forage des **puits artésiens**, qui a été pratiqué avec succès en maints endroits, dans l'Oued R'ir en particulier, où les cultures ont triplé de valeur, en même temps que la population doublait.

88. **Industrie et commerce.** — **L'industrie** algérienne, entravée par le manque de houille, n'occupe qu'un petit nombre d'ouvriers; les *minoteries* de Constantine, les *fabriques de parfums* et de *liqueurs*, les *sardineries* du littoral, en emploient la majeure partie. — Le *minerai de fer* d'Aïn-Mokra n'est pas fondu sur place, mais expédié en Europe; et les *carrières de marbre*, *d'onyx* et de *serpentine* restent à peu près inexploitées; plusieurs mines de *zinc* ont été concédées en Tunisie.

Le **commerce** général de l'Algérie, qui dépassait 560 millions en 1882, atteint seulement 492 millions en 1891; mais l'exportation n'a pas cessé de s'accroître (19 millions en 1850, 124 millions en 1870, 252 millions en 1889). Les principaux articles d'**exportation** sont les *blés durs*, l'*orge*, les *vins*, les *bœufs*, les *moutons*, la *laine*, les *peaux*, le *liège*, les *minerais de fer*. Les principaux **ports de commerce** sont ceux d'*Oran*, d'*Alger*, de *Bougie*, de *Philippeville* et de *Bône*. Les trois quarts des échanges se font avec la France. — Le commerce de la **Tunisie** atteint le chiffre de 77 millions, et se fait par le port de *Tunis* principalement. Le *froment* et l'*huile d'olive* entrent pour plus des trois cinquièmes dans la valeur des produits exportés.

La France a doté l'Algérie d'un réseau de **voies de communication**, encore incomplet assurément, mais déjà très considérable : le Tell possède 10 000 kilomètres de

4*

routes carrossables. La construction des *chemins de fer* est poussée avec activité; leur longueur dépasse 3 000 kil.; une ligne côtière parcourt le Tell, d'Oran à Tunis, par Orléansville, Miliana, Alger, Sétif et Soukahras. La ligne de pénétration d'Oran à Aïn-Sefra, qui conduit au pied du Grand-Atlas, et celle de Philippeville à Biskra traversent les hauts plateaux et ne s'arrètent qu'à la lisière du désert. Le projet d'une voie ferrée reliant l'Algérie au Soudan, dont il est question depuis longtemps, ne fait pas de grands progrès, et l'on n'est pas encore fixé sur le parcours à suivre.

88. — Le **Maroc**, malgré son doux climat, son sol excellent, ses eaux abondantes, ne produit, en *orge* et en *froment*, que la quantité nécessaire à la consommation locale; les industries qui lui valurent autrefois une certaine renommée, préparation des *cuirs* (maroquins), fabrication de tapis, d'étoffes, d'armes et de faïences vernissées, y sont stationnaires ou en décadence. Le commerce n'atteint pas 75 millions; il se fait principalement par les ports de *Tanger* et de *Mogador*. L'exportation consiste exclusivement en produits agricoles, *pois, fèves, maïs, huile d'olive, bœufs, peaux de chèvres* et *laine*. Pas d'autres voies de communication tracées que la route de Fez à Méquinez, qui n'est pas entretenue.

Il en est de même dans la **Tripolitaine**, qui exporte de l'*huile d'olive*, de l'*alfa*, des *céréales*, des *bestiaux* et des *éponges*, par les deux ports de *Tripoli* (35 millions) et de *Benghazi* (12 millions).

§ II. ÉGYPTE

89. — « Un aride désert et une campagne magnifique entre deux remparts de montagnes, voilà l'Égypte, » écrivait Amrou au calife Omar. Telle elle est encore aujourd'hui. Cette campagne, l'une des plus riches de la terre, est en même temps l'une des plus mal cultivées; on peut même dire qu'elle ne l'est pas, du moins au sens propre du mot, puisque les fellàhs se contentent d'y jeter des semences sans jamais labourer ni fumer. Leurs labeurs n'en sont pas pour cela moins pénibles; l'entretien et le curage des canaux, qui se remplissent sans cesse de vase, exigent des travaux considérables. Ces travaux se font par corvées, le gouvernement ne fournissant aux ouvriers qu'une pelle avec le panier ou couffin dans lequel ils remontent les boues sur leurs têtes jusqu'à une hauteur qui atteint parfois huit, dix et même douze mètres. Ainsi s'entretiennent, sans frais pour le propriétaire, les canaux de la daïrah, domaine particulier du khédive, comprenant le quart du sol cultivable. Les emprunts dont ces immenses propriétés sont hypotéquées, les ont fait passer des mains du khédive dans celles des banquiers européens, ses créanciers, qui les administrent par leurs agents. Les pauvres fellâhs, qui possèdent une moitié du sol, payent régulièrement l'impôt du cinquième, fournissent les corvées et sont en outre pressurés de mille manières; car c'est en Égypte, plus que partout ailleurs, que se vérifie le proverbe arabe : « Le peuple est comme la graine de sésame; on l'écrase tant qu'il donne de l'huile. »

90. — Malgré la culture rudimentaire qu'il reçoit, le sol, arrosé et engraissé par le Nil, pénétré par les rayons d'un soleil ardent, produit jusqu'à trois ou quatre récoltes par an : *plantes alimentaires*, blé et orge de qualité inférieure, riz, maïs, dourah (espèce de gros millet), lentilles, fèves, pois, haricots, oignons délicieux, melons, dattes sucrées, etc.; *plantes industrielles*, coton, canne à sucre, indigo, tabac, safran, pavot à opium, etc. La *canne à sucre* et le *cotonnier*, dont la culture n'a été introduite que dans la seconde moitié du siècle, sont cultivés dans les grands domaines sous la direction de régisseurs étrangers; 300 000 hectares sont plantés en coton; la valeur de la récolte annuelle, fibre et graine, atteint près de 200 millions. — Les ANIMAUX DOMESTIQUES sont peu nombreux; parmi eux il faut citer les *ânes* du Caire et d'Alexandrie, qui passent pour les plus beaux spécimens de la race.

L'Égypte n'est pas riche en *mines* : elle ne possède ni fer ni houille. L'*industrie* des Coptes se réduit à la poterie; parmi les Arabes on trouve des orfèvres, des cordonniers, des selliers, des fabricants de tapis, etc.

Le **commerce** de l'Égypte a quadruplé depuis le milieu du siècle; il s'élève à plus d'un demi-milliard, et se fait presque en entier par le port d'Alexandrie. L'*exportation* est supérieure d'une centaine de millions à l'importation; elle consiste principalement en *coton*, riz, lentilles, fruits, etc. Les nations qui y prennent le plus de part sont l'Angleterre (55 0/0), la France, la Turquie, l'Autriche-Hongrie (chacune pour environ 10 0/0).

Le commerce intérieur dispose de nombreuses **voies de communication** : le *Nil*, avec les grands *canaux* qui en dérivent, et plus de 2 000 kilomètres de *chemins de fer*, dont 500 kilomètres à voie étroite, desservant les usines à sucre. Le delta possède un réseau bien complet de voies ferrées qui en relient toutes les villes avec le Caire; en amont de cette ville, une ligne parallèle au fleuve gagne la haute Égypte.

91. — **Le canal de Suez,** qui réunit la Méditerranée à la mer Rouge, en abrégeant de moitié le chemin de l'Europe aux Indes, intéresse beaucoup moins l'Égypte que les peuples européens; cette grande route internationale, ouverte par le génie audacieux de M. de Lesseps, avec l'aide de capitaux français, est tombée en grande partie aux mains des Anglais, qui s'étaient d'abord montrés les adversaires acharnés de sa construction; il est vrai que ce sont eux qui en usent maintenant le plus : sur 3 400 à 3 600 navires, qui transitent chaque année par le canal, 2 500 à 2 600 sont anglais, 250 à 300 allemands, 150 à 200 français, 175 hollandais, etc. Le canal creusé à travers les boues du lac Menzaleh, les sables et les lacs Amers de l'isthme, a 160 kilomètres de Port-Saïd à Suez; sa largeur varie de 58 à 100 mètres au niveau de l'eau, suivant la nature plus ou moins consistante des berges; il a, au fond, une largeur uniforme de 22 mètres; la profondeur de l'eau est de huit mètres. Comme deux navires ne pourraient y marcher de front, des gares d'évitement sont disposées de dix en dix kilomètres sur tout le parcours. Il est question de les supprimer en donnant à la voie une largeur triple de celle qu'elle a actuellement. Les navires mettent de vingt à trente heures à traverser l'isthme. -- Un canal, dérivé du Nil, apporte à la station centrale d'Ismaïlia et à Suez l'eau douce nécessaire à ces deux villes. La construction du canal maritime, concédée en 1854, était terminée en 1869; elle a coûté près de 500 millions. Les navires qui passent par cette voie ont à payer une somme de 10 francs par passager et de 9 fr. 50 par tonne de tonnage net. La Compagnie propriétaire perçoit de ce chef une somme annuelle de 70 à 85 millions.

§ III. — COLONIES ANGLAISES DU CAP ET DE NATAL.

92. Agriculture. — Les colonies anglaises du Cap et de Natal, auxquelles on peut adjoindre les deux républiques des Boers, sont surtout des pays d'élevage; d'innombrables troupeaux de *moutons*, de *chevaux* et de *bœufs* parcourent les Karrous du Cap, et les steppes de l'Orange, du Vaal et du Limpopo, où ils ont souvent à souffrir de la soif. Les bêtes à cornes sont employées comme animaux de trait; on ne trouve de vaches laitières que dans le voisinage des villes. L'élevage des *autruches*, dans les fermes, avait pris naguère de grands développements; mais il est devenu plus hasardeux, la mode dédaignant les belles plumes de ces oiseaux, depuis qu'on peut se procurer cette parure à bon compte. — La colonie du Cap ne produit pas assez de *céréales* pour la consommation des habitants. Aucun pays n'est aussi favorable à la culture de la *vigne*, qui donne un rendement double de celui des vignobles français; mais le vin est mal fabriqué, et les plus estimés, ceux de Constance, qu'on récolte sur les pentes orientales du mont de la Table, ont beaucoup perdu de leur réputation. — La colonie de Natal a une agriculture plus développée; les *céréales,* le *maïs* en particulier, et la *canne à sucre* y sont cultivées sur une grande échelle par des Hindous (coulis).

93. Industrie et commerce. — L'industrie manufacturière, sans être encore bien importante, se développe rapidement dans les colonies anglaises de l'Afrique australe, et, dans un avenir prochain, ces pays pourront se suffire à eux-mêmes, sans avoir recours aux manufactures de la métropole. — On y exploite des **mines** de *cuivre,* de *houille,* avec les riches mines de *diamant* de Kimberley (Griqualand, n° 65). — L'exploitation des mines d'*or* du Drakenberg, dans la république Sud-Africaine, est poussée activement; la valeur de la production annuelle est de 125 à 150 millions.

Le **commerce** de la colonie du Cap s'élève à environ 485 millions, dont 280 à l'exportation; celle-ci consiste en **laines,** *plumes d'autruches, cuivre,* etc.; il se fait presque tout entier par le *Cap* et *Port-Élisabeth.* — *Port-Natal,* qui sert de débouché commun à la colonie de Natal et aux républiques des Boers, a vu le chiffre de son commerce s'élever à plus de 80 millions en 1880; il est descendu depuis à 60; les principaux articles d'exportation sont les *laines,* le *sucre,* etc.

Les **voies de communication,** nulles dans les républiques hollandaises, sont encore peu nombreuses dans les deux colonies anglaises : pas de fleuves navigables, peu de bonnes routes, quelques lignes de chemins de fer (environ 3500 kilom.), bien insuffisantes pour une si vaste contrée; la plus longue est celle du Cap à Kimberley (1000 kil.);

plusieurs tronçons moins importants partent de divers points de la côte, Port-Élisabeth, East-London, Port-Natal, et se dirigent vers l'Orange.

§ IV. — AFRIQUE INDÉPENDANTE ET COLONIES D'EXPLOITATION.

Nota. — En dehors des trois contrées dont il vient d'être question, les divers pays de l'Afrique continentale, qu'ils soient indépendants ou soumis à une puissance européenne, se trouvent, de fait, dans des conditions économiques à peu près identiques; comme d'ailleurs leur importance, au point de vue qui nous occupe, est peu considérable, nous les comprendrons tous dans un même paragraphe.

94. Agriculture. — L'agriculture proprement dite est loin d'être en honneur parmi les nègres; les femmes et les esclaves sont à peu près exclusivement chargés des plus pénibles travaux agricoles; aussi la production des céréales est rarement supérieure, souvent inférieure aux besoins de la population : les principales sont le *maïs*, trois espèces de millet, le *sorgho*, le *doukn* et le *dourah*, et, dans quelques régions, le *riz* (Soudan), l'*orge* et le *froment* (Abyssinie). Le *sésame*, cultivé sur la côte de Zanguebar, et les *arachides* (Guinée et Sénégambie) donnent de l'huile. Les indigènes de la région des grands lacs fabriquent, avec les *bananes*, une boisson enivrante, nommée pombé, pour laquelle ils manifestent un goût prononcé. Les oasis du Sahara produisent des *dattes* excellentes. — A l'agriculture proprement dite, qui exige un travail suivi, les noirs préfèrent la **cueillette** des fruits, *cocos* (Zanguebar, Angola, Guinée), *noix de palme* (Guinée), *noix de kola* (Guinée et Sénégambie), *café* (Kaffa, Enaréa, Angola), *ananas sauvages, goyaves, papayes, mangues,* etc. Ils exploitent encore diverses gommes, qu'ils livrent au commerce européen, *copal, gomme arabique, encens, caoutchouc.* — Les Arabes et les populations plus ou moins arabisées du Sahara et du Soudan septentrional, les Chillouks, les Nouèrs et les Denkas du haut Nil, les Abyssins, les Gallas et les Somâlis de la côte orientale, enfin un certain nombre de tribus bantou du sud se livrent surtout à l'**élevage** du bétail. Mais, dans la région des grands lacs et sur un grand nombre de points du plateau austral, infestés par la mouche *tsétsé*, on ne peut élever que des *chèvres;* car la piqure de la tsétsé fait périr les bœufs, les chevaux et les moutons. Les habitants du Choa possèdent beaucoup de *civettes à musc*, qu'ils nourrissent avec des viandes de choix préparées au beurre. — La **chasse**, qui est généralement très productive, fournit un appoint très important à l'alimentation de beaucoup de tribus.

95. Industrie. — L'industrie des Africains est encore plus rudimentaire que leur agriculture; les besoins d'un nègre sont si peu compliqués! Son vêtement, — quand il en porte un, — consiste, le plus souvent, en un petit morceau de peau ou d'étoffe qui dissimule à peine sa nudité; sa demeure est une case plus ou moins étroite, une sorte de ruche, dont quelques branches d'arbres, un peu de chaume et des feuilles font tous les frais. On trouve cependant parmi les Bantous du plateau austral des *vanniers*, des *potiers* et des *forgerons*, qui ne manquent ni de goût ni d'adresse. — Dans plusieurs parties du Soudan, les indigènes savent *filer* et *tisser la soie et le coton, teindre les étoffes, fabriquer des objets en cuir*, genre de travail pour lequel les ouvriers de Kano jouissent d'une grande réputation. — Dans les oasis du Sahara, les femmes s'occupent à fabriquer des *tissus de laine* pour burnous et tuniques, et des *tissus en poil de chameau* pour tentes. — Peu de **mines** sont exploitées par les noirs; ils savent pourtant traiter le minerai de *fer;* les *salines* sahariennes et celles du pays des Danakils sont exploitées avec assez d'activité; enfin on recueille un peu de *poudre d'or* dans les montagnes de la Guinée et de la Sénégambie.

96. Commerce. — **Le commerce extérieur** de l'Afrique indépendante et des colonies d'exploitation ne s'élève qu'à un chiffre bien minime, 200 à 300 millions environ. Les principaux articles d'exportation sont *l'huile* et la *noix de palme*, les *arachides*, la *gomme copal*, le *caoutchouc*, *l'orseille*, *l'or*, un peu de *café*, des *peaux*, et beaucoup d'*ivoire* (600000 à 850000 kilogr., d'après les évaluations extrêmes), dont les deux tiers proviennent de la côte orientale. En échange de ces produits, les nègres demandent aux Européens des *liqueurs fortes* pour s'abrutir, des *fusils* et de la *poudre* pour s'entre-tuer, de la *verroterie*, des *tissus légers* et de *vieux uniformes* pour se parer. — Les principaux **ports** sont *Zeila* et *Berbera*, sur le golfe d'Aden, *Zanzibar*, *Mozambique*, *Sofala* et *Lourenço-Marquès* sur l'océan Indien ; *Mossâmédès*, *Saint-Philippe de Benguella*, *Saint-Paul de Loanda* (Angola portugais), *Banane* (Congo indépendant), *Libreville* (Gabon français), *Cameroun* (Allemand), *Lagos* (Anglais), *Porto-Novo* (Français), *Freetown*, *Bathurst* (Sénégambie anglaise), et *Dakar* (Sénégal), sur l'océan Atlantique.

Le **commerce intérieur** ne peut pas être bien actif : l'absence de besoins chez les indigènes, le manque de routes, l'insécurité qui règne à peu près partout, sont autant de causes qui en arrêtent le développement. Sur tous les marchés, l'*esclave* est la principale marchandise. Le *sel* est un des articles les plus demandés au Soudan, en Éthiopie et dans plusieurs autres régions, qui ne s'en procurent que difficilement. La *monnaie* est inconnue à peu près partout ; on la remplace ici par un petit coquillage nommé *cauri*, là par une longueur déterminée d'étoffe (*doti*), ailleurs par des *blocs de sel*.

Les **voies de communication** se réduisent à celles dont la nature a doté le pays, les *fleuves* et les *lacs*. Beaucoup de tribus, riveraines de l'Ogôoué, du Congo et de ses affluents, du Zambèze et des Grands Lacs, possèdent des *barques* solides, manœuvrées par d'habiles rameurs. Le Sénégal, le Niger, le Congo, le bas Zambèze et le lac Nyassa, commencent d'ailleurs à être sillonnés par des *vapeurs* européens ; ceux qui parcourent la partie du Congo comprise entre le Stanley-Pool et les Stanley-Falls ont dû être démontés et transportés à dos d'hommes en amont des chutes sur une distance de 280 kilomètres. — Les autres **moyens de transport** sont les *wagons attelés de bœufs* dans certaines parties du Zambèze, les *caravanes de chameaux* dans le Sahara et le Soudan septentrional, partout ailleurs le *dos de l'homme*. — Les **caravanes de chameaux**, fortes de 1000 à 2000 bêtes, s'organisent principalement à *Tripoli* et dans les *oasis du Touât* et de *Tafilelt*, à destination des principales villes du Soudan, *Kouka*, *Kano*, *Gando*, *Wourno*, *Sokoto* et *Tombouctou*. Là elles échangent des *colonnades*, des *aiguilles* et autres *produits des manufactures européennes*, du *sel* extrait des salines sahariennes, contre des *esclaves*, de l'*or*, de l'*ivoire* et des *plumes d'autruche*. Le monopole de ce commerce, dont les Arabes sont en possession depuis des siècles, menace de leur échapper. La « Compagnie royale du Niger », puissamment soutenue par le gouvernement anglais, a établi de nombreux comptoirs sur le Niger et le Bénoué, d'où elle écoule ses marchandises dans toutes les directions. — L'*ivoire*, la *gomme* et les *peaux* de la région des Grands Lacs arrivent à la côte par des **caravanes de porteurs**. Ces caravanes s'organisent à Zanzibar, à Bagamoyo et sur d'autres points du littoral; les marchandises d'échange, cotonnades américaines (*merikani*) et *verroteries* d'Europe sont transportées à dos d'hommes; on les divise en ballots de 27 kilogrammes environ, charge ordinaire d'un porteur (pagazi); des hommes armés (askari) servent d'escorte contre les voleurs, très nombreux dans les bois; un guide (kirangozi), porteur d'un drapeau, dirige la marche de la caravane; celle-ci, habituellement nombreuse, se divise en compagnies, ayant chacune à sa tête un capitaine (nyampara). Les frais occasionnés par un mode de transport aussi primitif sont encore notablement accrus par les tributs (hongo) qu'il faut payer aux roitelets dont la caravane traverse les domaines, par les vols des rôdeurs de nuit, par les désertions et les maladies des porteurs. La durée la plus courte d'un voyage entre Bagamoyo et Oudjidji (1000 kilomètres) n'est jamais moindre d'un mois et demi. — Les marchands arabes de Zanzibar, qui ont le monopole du commerce dans le haut pays, y transforment souvent leurs caravanes marchandes en bandes de pillards (n° 40).

§ V. — VOIES DE COMMUNICATION.

97. Principaux ports. — Voies maritimes. — Les ports africains situés sur la **Méditerranée** : *Oran, Alger, Tunis, Tripoli, Alexandrie*, sont en rapport journalier avec les pays européens qui leur font face. Il existe des lignes de paquebots à services réguliers d'*Oran* à Carthagène et à Marseille par Port-Vendres ; d'*Alger* à Marseille ; de *Tunis* à Marseille et en Italie ; de *Tripoli* en Italie ; d'*Alexandrie* en Angleterre, à Marseille, à Brindisi (Italie) et à Trieste (Autriche).

Les lignes qui desservent les ports africains de **l'océan Indien** sont moins nombreuses : *Zanzibar, Saint-Denis* (la Réunion) et *Port-Louis* (Maurice), sont les trois places les plus fréquentées. *Zanzibar* est en relations périodiques avec l'Angleterre et l'Allemagne, par Aden et le canal de Suez ; avec Marseille, par Obock ; avec la Réunion, par

Mayotte, Diégo-Suarez et Tamatave ; avec Majanga, par les Comores ; — *Port-Louis* avec l'Angleterre, par Tamatave et Aden ; avec Durban (Natal) et avec Adélaïde (Australie).

Les ports les plus commerçants de l'Afrique situés sur **l'Atlantique** sont : *le Cap, Saint-Paul de Loanda, Banana, Lagos, Dakar*, etc. Les principales lignes de paquebots à services réguliers sont celles du *Cap* en Angleterre, par l'Ascension, Sainte-Hélène et Madère ; à Plymouth, et à Hambourg, par Saint-Paul de Loanda et Banana ; de *Dakar* à Bordeaux et à Marseille ; à Libreville (Gabon) par Konakry, Porto-Novo, etc.; enfin, à Pernambouc et à Rio-de-Janeiro. — Un grand nombre de petits caboteurs visitent fréquemment les possessions européennes comprises entre le Sénégal et le Congo. — Les *Canaries* et les *îles du Cap-Vert* se trouvent sur le parcours des transatlantiques qui desservent l'Amérique du Sud.

Les communications rapides sont assurées par des **câbles télégraphiques sous-marins** : *d'Alger à Marseille ; de Bône à Marseille*, et *en Italie* par *Malte ; de Tripoli en Italie*, par *Malte ; d'Alexandrie en Angleterre*, par *Malte* et *Gibraltar ; en Italie*, par l'île de *Candie*. — Un câble part d'*Aden*, où il se soude à celui de l'Inde, et aboutit à Durban (Natal), avec stations à *Zanzibar, Mozambique*, et *Lourenço-Marquez*. De *Durban au Cap*, les communications se font par des lignes terrestres. Du *Cap*, un autre câble va *aux Canaries*, où il rejoint la ligne de Lisbonne au Brésil ; il atterrit aux principaux ports de la côte occidentale, *Saint-Paul de Loanda, Libreville, Lagos, Sierra-Leone, Bathurst, Dakar*.

OCÉANIE

1. Découverte. — Prise de possession. — Évangélisation. — Quoique *Marco Polo* eût visité, dès le XIIIe siècle, les îles de la Sonde et les Moluques, et que les *Arabes* y fissent le commerce et y propageassent l'islamisme depuis le XIVe, on peut dire que l'Océanie resta inconnue à l'Europe jusqu'au commencement du **XVIe siècle**. Ce furent les **Portugais** et les **Espagnols** qui la révélèrent les premiers au monde chrétien. *Albuquerque,* maître de Malacca, établit la prépondérance du Portugal sur les îles de la Sonde et les Moluques; *Magellan,* celle de l'Espagne sur les Mariannes et les Philippines, qu'il avait découvertes (1521) au cours de son grand voyage de circumnavigation. Vers la fin du même siècle, les marins espagnols, *Mendana*, *Louis de Torrès*, *Fernand de Quirros*, partis de la côte du Pérou, découvrirent les îles Marquises, Taïti, Santa-Cruz, Salomon et les Nouvelles-Hébrides. — Dès les premières années du **XVIIe siècle**, les **Pays-Bas** ayant supplanté le Portugal dans l'Extrême-Orient, des marins hollandais commencent l'exploration de la Mélanésie. *Abel Tasman*, en particulier, reconnaît les côtes nord-ouest du continent austral, qui s'appela longtemps Nouvelle-Hollande, découvre la terre de Van-Diémen, qui porte aujourd'hui son nom (Tasmanie), la Nouvelle-Zélande, les îles Fidji et l'archipel Tonga. A partir de cette époque, l'Océanie est connue dans ses grands traits, et il ne reste plus qu'à l'explorer scientifiquement. — Ce fut l'œuvre que menèrent à bonne fin, au **XVIIIe siècle**, les **anglais** *Byron*, *Wallis* et *Carteret*, et deux illustres marins **français** : *Bougainville*, qui découvrit la Louisiade et les îles Samoa, et *La Pérouse*, qui périt avec tout son équipage sur les récifs de Vanikoro (îles Santa-Cruz). Mais celui qui contribua le plus à faire connaître l'Océanie fut le capitaine **Cook**; dans ses trois fameux voyages de circumnavigation (1768-1779), il explora la côte orientale de l'Australie, dressa la carte de la Nouvelle-Zélande, et découvrit, outre l'archipel qui porte son nom, la Nouvelle-Calédonie et les îles Sandwich, où il fut tué par les indigènes, qui lui avaient d'abord rendu des honneurs divins.

La conquête politique de la **Malaisie** en suivit de près la découverte. Les **Hollandais,** après avoir définitivement substitué leur domination à celle des Portugais dans les *îles de la Sonde* et les *Moluques,* ne s'occupèrent qu'à en retirer le plus de profit possible et négligèrent totalement de christianiser les indigènes, qui sont restés musulmans. Tout au contraire, les **Espagnols**, maîtres des *Philippines*, en convertirent rapidement les habitants, qui forment aujourd'hui la population la plus civilisée et la plus heureuse de l'Extrème-Orient. — Jusqu'à la fin du siècle dernier, les puissances européennes n'avaient pas songé à s'établir dans la **Mélanésie**, qui comprend pourtant les quatre cinquièmes de l'Océanie (8 millions 1/2 de kilomètres carrés sur un total de 10 800 000). En 1788, l'**Angleterre**, qui venait de perdre ses plus belles colonies d'Amérique, envoyait un premier convoi de déportés sur les côtes de l'**Australie**. Elle a pris successivement possession de la *Nouvelle-Zélande* (1840), des *îles Fidji* (1874) et de la partie sud-orientale de la *Nouvelle-Guinée* (1885). Les Anglais n'ont point cherché à convertir et à civiliser les nègres de leurs possessions; ils les ont refoulés ou exterminés. — Dans la **Polynésie**, au contraire, l'évangélisation a partout préparé la prise de possession. Si la **France** y est la mieux partagée, avec les *îles de la Société, Touamotou, Wallis* et les *Marquises* (sans oublier la *Nouvelle-Calédonie,* qui est une île mélanésienne), ce n'est que justice, puisque les seuls missionnaires catholiques de l'Océanie (en dehors des Philippines) sont des religieux français. Il est vrai qu'ils ont, à peu près partout, pour rivaux des ministres protestants anglais. — Les **îles Sandwich** étant reconnues comme *État indépendant,* et les *Allemands* ayant jeté leur dévolu sur la partie nord-orientale de la *Nouvelle-Guinée* et les archipels voisins, il ne reste plus à occuper que des îlots sans importance ou des terres convoitées par plusieurs nations, comme les Nouvelles-Hébrides (Français et Anglais), les îles Samoa (Allemands, Anglais, Américains), les îles Tonga (Allemands et Anglais), etc.

2. Situation. — Étendue. — Division. — L'Océanie, la cinquième partie du monde, est située dans l'océan Pacifique, au sud-est de l'Asie et à l'ouest de l'Amérique; l'océan Indien en baigne les parties occidentales. Elle comprend, outre le troisième et le plus petit des continents, l'**Australie** (7 700 000 kilom. car.), une innombrable multitude d'îles (3 100 000 kilom. car.), les unes groupées en archipels, d'autres éparses au sein des flots, mais situées presque toutes dans la zone intertropicale. — Les terres océaniques se partagent en trois grands groupes naturels :

La **Malaisie**, qui est une dépendance géographique de l'Asie;

La **Mélanésie**, renfermant l'Australie et les îles adjacentes;

La **Polynésie**, qui se compose d'une immense quantité de petites îles, éparses dans les parties centrales et orientales du Pacifique.

§ I. MALAISIE

3. Géographie physique. — La Malaisie, située au sud-est de l'Asie, comprend les *îles de la Sonde* et les *Philippines*.

Le groupe des îles de la Sonde et des Moluques (1 850 000 kilom. car.), désigné quelquefois sous les noms d'**Indonésie** ou d'**Insulinde** (Inde insulaire), occupe l'espace compris entre la presqu'île de Malacca et l'Australie septentrionale. Les principales **îles de la Sonde** sont **Sumatra** (avec *Banca* et *Billiton*), **Bornéo**, **Java**, *Madoura*, *Bali*, *Lombok*, *Sumbawa*, *Sumba*, *Florès*, *Timor*, **Célébès**. Les principales **Moluques** ou *îles aux épices* sont *Bourou*, *Céram*, *Gilolo* ou *Halmahera*, etc. — Ces diverses îles, avec des milliers d'autres plus petites, sont séparées par des détroits de faible largeur, dont les plus fréquentés sont : le détroit de *Malacca*, entre Sumatra et la presqu'île de Malacca ; le détroit de *la Sonde*, entre Sumatra et Java ; ceux de *Bali* et de *Lombok*, entre Bali et Java d'un côté, Bali et Lombok de l'autre. Tous ces détroits conduisent de l'océan Indien dans la mer de la Sonde ou de Java. Le long détroit de *Macassar*, entre Bornéo et Célébès, unit la mer de la Sonde à la mer de Soulou ou de Célébès. — Sumatra, Java et Bornéo sont des terres détachées du continent asiatique ; le socle sous-marin sur lequel elles reposent n'est nulle part recouvert de 100 mètres d'eau. Au contraire, les îles situées à l'est des détroits de Lombok et de Macassar surgissent d'une mer profonde de plus de 1 000 mètres.

Les **Philippines** (300 000 kil. car.), ainsi nommées en l'honneur de Philippe II, forment, au nord des îles de la Sonde, un groupe de plus de deux mille îles dont les principales sont **Luçon**, **Mindanao**, les **Visayas**

(*Leyte, Samar, Panay, Negros, Mindoro,* etc.), et la longue île *Palouan* ou *Paragua.*

4. — Les îles Malaises s'étendent sur une aire considérable : 4700 kilomètres de l'ouest à l'est, 3500 du sud au nord. Toutes ces terres sont montueuses et volcaniques ; Java renferme quarante-cinq volcans ; nulle part les forces souterraines ne manifestent plus d'activité ; les tremblements de terre y sont fréquents et terribles ; les éruptions volcaniques du *Timboro,* dans l'île Sumbawa (1815) et celle du *Krakatau* (1883), sont à ranger parmi les plus épouvantables dont l'histoire ait gardé le souvenir. Le volcan de Krakatau ou Krakatoa, situé dans une île à l'entrée du détroit de la Sonde, s'étant soudain réveillé après un calme de 200 ans, lança dans les airs une masse de débris, évaluée à 18 milliards de mètres cubes ; en même temps une vague de 30 à 36 mètres de hauteur balaya le rivage et engloutit 40000 personnes. — Dans les îles méridionales, les chaînes de montagnes sont alignées au bord de l'océan Indien, tandis que, dans les Philippines, elles sont orientées du sud au nord, comme les îles elles-mêmes.

L'équateur traverse par le milieu les deux grandes îles de Sumatra et de Bornéo, et toute la Malaisie appartient à la zone torride. Le **climat** est chaud, humide, et par conséquent très énervant pour les Européens ; la moyenne de la *température* est de 26 à 27 degrés ; il y a à peine un degré de différence entre le mois le plus chaud et le mois le plus froid. L'air est souvent presque saturé d'*humidité ;* la moyenne des *pluies,* évaluée à 3 mètres pour l'ensemble des îles malaises, va en diminuant de l'ouest à l'est ; elle est de 5 mètres sur quelques points de Sumatra, tandis que les îles sud-orientales ont un climat relativement sec.

La **flore** de la Malaisie est d'une incomparable richesse ; elle comprend un grand nombre d'espèces qu'on ne trouve pas ailleurs ; mais, dans son ensemble, elle rappelle celle de l'Inde à l'ouest, et se rapproche de celle de l'Australie au sud-est ; une grande variété de *palmiers,* parmi lesquels le sagou, le *rotin,* le *bambou,* le bois de *teck* croissent en abondance dans les forêts. L'*upas* y distille le plus terrible des poisons ; le *rafflesia* y développe sa fleur, dont le diamètre atteint jusqu'à un mètre. Le *camphrier* et les *arbres à épices* croissent à peu près partout. — La **faune** n'est pas moins riche : le *rhinocéros,* le *tigre,* le *bœuf sauvage,* le *crocodile,* d'énormes *serpents,* 50 espèces de *chauves-souris,* 25 espèces d'*écu-*

reuils peuplent les bois des grandes îles, avec des légions de *per-roquets* et d'autres *oiseaux*. Les *coléoptères* et les *papillons* de la Malaisie fournissent les plus brillants spécimens à nos collections entomologiques. Les deux grandes îles occidentales, Sumatra et Bornéo, possèdent l'*éléphant* et l'*orang-outang,* qu'on ne trouve plus dans les autres îles. Les terres sud-orientales sont pauvres en mammifères, mais riches en oiseaux et en insectes. La mer qui entoure les îles malaises fourmille de *poissons* plus qu'en aucun autre point.

5. Géographie ethnographique. — La population indigène de la Malaisie (environ 40 millions) se compose de *nègres,* d'*Indonésiens* et de *Malais*. — Les **nègres**, qui paraissent en avoir été les premiers habitants, y sont aujourd'hui peu nombreux; ils mènent la vie sauvage au milieu des bois, dans les parties les moins accessibles des grandes îles; ils sont connus aux Philippines sous le nom de « petits nègres », *negritos*.— A côté d'eux, les **Indonésiens**, au teint relativement clair, *Battas* de Sumatra, *Dayaks* de Bornéo, *Alfourous* de Célébès, vivent également au milieu des forêts; ce sont des populations naturellement honnêtes et serviables, assez intelligentes, mais extrêmement défiantes, belliqueuses par habitude, et antropophages par superstition. — Les **Malais**, les derniers venus, qui ont donné leur nom à toute l'Indonésie, forment la très grande majorité de la population de Java et des Philippines; dans les autres îles, ils sont établis seulement sur les rivages de la mer et des fleuves; avant de devenir des cultivateurs laborieux et de dociles manœuvres, c'étaient de redoutables *pirates* qui infestaient les mers de Chine; l'occupation de l'archipel Soulou, leur dernier repaire, par les Espagnols (1876), a pu seule mettre fin à ce brigandage. — A ces trois groupes de peuplades indigènes il faut ajouter les *Chinois,* purs ou métissés, qui sont très nombreux à Java et aux Philippines. Quant aux *européens,* les maîtres de ces 40 millions d'hommes, ils se réduisent à quelques milliers, fonctionnaires, soldats, commerçants, que le climat dévore et qui n'aspirent qu'à rentrer dans la patrie.

Les populations *sauvages* de la Malaisie sont *fétichistes;* les *Malais* des îles de la Sonde, de Soulou et de Mindanao sont *musulmans*. Pour mieux conserver le prestige de ses fonctionnaires et mettre une barrière infranchissable entre eux et leurs troupeaux d'esclaves, le gouvernement hollandais a pris soin de maintenir les indigènes dans l'ignorance; l'usage du hollandais leur est à peu près interdit; à peine tolère-t-on les missionnaires, qui voudraient se dévouer à leur conversion. Aussi, sur 23 millions de Javanais, on ne compte que 11 000 *chrétiens,* convertis, au temps de la domination portugaise, par des moines catholiques — Tout autre a été la conduite des Espagnols aux Philippines; ils ont pris le plus grand soin de l'instruction des indigènes, qui sont aujourd'hui « catholiques avec passion, dit E. Reclus;... l'instruction publique, obligatoire dans les régions policées de l'Archipel, est sous la surveillance des prêtres, qui ont établi dans presque tous les pueblos (paroisses) des écoles primaires; tous les enfants apprennent à lire et à écrire l'espagnol. » Les habitants « ne sont pas des ilotes, tenus par leurs maîtres dans un état d'infériorité, sans espoir de relèvement... Personne n'a de grands domaines, mais tous ont de quoi se sustenter bon an mal an, eux et leurs familles, de quoi subvenir même à de petites dépenses pour les fêtes et les plaisirs. Pris en moyenne, les Indiens des Philippines sont parmi les hommes les plus heureux de la terre, parmi les peuples les plus civilisés de l'Extrême-Orient. »

6. Géographie politique. — Les Hollandais et les Espagnols possèdent la majeure partie de la Malaisie; les Anglais et les Portugais se partagent le reste.

Les **possessions hollandaises** comprennent l'archipel de la Sonde, moins la partie septentrionale de Bornéo, qui est aux Anglais, et les Moluques, moins la moitié orientale de Timor, qui appartient au Portugal. Voici l'étendue et la population de ces îles :

	KILOM. CAR.	POPULATION	PAR KIL. CAR.
Java et Madoura	132 000	23 860 000	181
Sumatra.	450 000	3 190 000	6
Bornéo hollandais	529 000	1 200 000	2
Célébès	188 000	1 550 000	9
Autres îles.	180 000	1 800 000	10
Nouvelle-Guinée holl^se [1]. .	400 000	240 000	0,6
Totaux.	1 870 000	31 800 000	16

Les colonies hollandaises des **Indes orientales** sont administrées par un gouverneur qui réside à Batavia, et dont l'autorité est absolue; toutefois il laisse aux anciens souverains une certaine apparence de pouvoir; ce sont d'utiles auxiliaires, qui transmettent ses ordres aux indigènes, et veillent à leur exécution, sous le contrôle incessant d'un résident hollandais. Les populations qui habitent l'intérieur de Sumatra et de Bornéo sont à peu près complètement indépendantes.

Les **villes principales** des Indes hollandaises sont :

Dans l'île de **Java**, **Batavia** (172 000 hab., y compris *Meester Cornelis*, qui lui fait suite), la capitale, bâtie sur

[1] Nous donnons ici la statistique — peu sûre — de la partie occidentale de la Nouvelle-Guinée hollandaise, qui dépend administrativement de la province de Ternate (Moluques).

un terrain marécageux, pourvue maintenant d'un bon port; *Samarang* (72000 h.) et *Sourabaya* (120000 h.), les rivales commerciales de la capitale; les deux villes intérieures de *Sourakarta* (100000 h.) et *Djokjokarta* (90000 h.), capitales de deux sultanats indigènes.

Dans l'île de **Sumatra**, *Padang* (25000 h.), sur la côte occidentale, le principal port de commerce de l'île, et *Palembang* (60000 h.), la ville la plus populeuse, située sur le Mousi, à 100 kilomètres de l'embouchure.

Dans l'île de **Bornéo**, les deux ports de *Pontianak* (15000 h.) et de *Bandjermassin* (38000 h.), chefs-lieux des deux provinces, entre lesquelles l'île est divisée.

7. Les **possessions espagnoles** en Malaisie se composent des **Philippines** et de *l'archipel Soulou;* mais il s'en faut beaucoup que l'autorité du gouverneur de Manille y soit partout respectée; les populations musulmanes (*Moros*) de la grande île de Mindanao et de l'archipel Soulou sont, en majeure partie, indépendantes. — **Manille** (250000 h., avec les faubourgs), la capitale, est une ville malsaine, qui a été souvent ravagée par des tremblements de terre. — Les îles *Mariannes* et les *Carolines*, qui font partie de la Micronésie, dépendent du gouvernement des Philippines.

Le gouvernement **anglais**, après avoir acheté du **sultan de Brunéï** (ou Bornéo) la petite île de *Labouan*, a étendu peu à peu son protectorat sur les côtes de l'ouest et du nord. Le sultan a cédé à un officier anglais la **côte de Sarawack**, cap. *Kuching* (20000 habitants), à une compagnie anglaise la **côte du nord**, cap. *Sandakan* (5000 habitants), et il se trouve de fait vassal de l'Angleterre, avec son royaume diminué des trois quarts; la cap., *Brunéï* (10000 habitants), est située en face de l'île Labouan.

Le **Portugal**, qui fut le premier à occuper les îles malaises, n'y possède plus que la *moitié orientale de Timor*.

8. Géographie économique. — Les **îles de la Sonde** et les *Moluques* sont toujours les « îles aux épices », aux belles fleurs, aux fruits exquis. Elles produisent la *cannelle*, le *clou de girofle*, la *noix de muscade* et le *gambir*, analogue au cachou. Le *poivre* récolté à Sumatra (18 millions de kilogr.) égale les deux tiers de la consommation du monde entier. N'oublions pas le *camphre*, la *gomme élastique*, la *gutta-percha*, le *benjoin* et l'*huile de cajeput*. Le *riz*, qui

forme avec le *sagou*, le *manioc*, le *poisson* et les *fruits*, la base de
l'alimentation, est cultivé partout. C'est dans les grottes des falaises
qui bordent les îles de la Sonde qu'on trouve les fameux *nids d'hiron-
delles* salanganes, dont les Chinois sont si friands. — **Java**, l'une des
terres les plus peuplées du globe (186 habitants par kilomètre carré),
est, comme on l'a dit souvent, « moins une colonie qu'une ferme,
dont le propriétaire est l'État, les Chinois les contremaîtres, les
Malais les agriculteurs, corvéables à merci. » La propriété individuelle y est inconnue; le sol appartient à l'État ou aux communes;
les familles, simples usufruitières des lots qu'on leur a attribués, ne
sont pas libres de les cultiver à leur guise, mais elles doivent livrer
au gouvernement des quantités déterminées de canne à sucre et de
café, que celui-ci leur paye, soi-disant au « prix du marché », en
réalité à la moitié ou même seulement au tiers de leur valeur. Java
vient immédiatement après le Brésil pour le **café**, après Cuba pour
le **sucre**, après l'Inde pour l'*indigo ;* on y cultive un *tabac* excellent;
plusieurs millions de pieds de cinchonas, des meilleures espèces,
produiront dans quelques années de grandes quantités de *quinquina.*

Cette île est pourvue de bonnes *routes ;* mais le réseau des
chemins de fer (1 400 kilomètres), commencé seulement en 1872, est
encore bien incomplet. — Sumatra possède des *routes* insuffisantes
et 100 kilomètres de *chemins de fer.* Bornéo n'a d'autres voies de
communication que ses *fleuves,* qui sont d'ailleurs navigables jusqu'au
cœur de l'île.

Le **commerce** extérieur des Indes néerlandaises s'élève
à 850 millions environ. Il se fait par les **ports** de *Batavia, Samarang, Sourabaya* (Java), *Palembang, Padang* (Sumatra), *Pontianak, Bandjermassin* (Bornéo),
Macassar (Célébès), *Amboine, Ternate* (Moluques), etc.
— Les principaux articles d'**exportation** sont le **sucre**
(110 millions), le *café*, le *tabac*, les *épices*, la *gomme*,
l'*indigo*, le *rotin*, l'*étain*, etc. — L'**importation** consiste en *tissus* et autres *objets manufacturés ;* car l'industrie est à peu près nulle dans ces îles.

Les **Philippines** produisent du *riz* et des *fruits* pour
l'alimentation des habitants; la *pêche* est active et fruc-
tueuse sur les côtes. Le *tabac* (10 millions de kilogr.), le
sucre (200 000 tonnes) et le *chanvre de Manille,* qui n'est
autre chose que la fibre du bananier textile, alimentent
un *commerce* d'exportation qui dépasse un peu 200 millions; *Manille* en est le centre. Les communications se
font presque exclusivement par mer; car les *routes* man-

quent; **il y a une petite ligne de *chemin de fer* (192 kil.) en construction.**

§ II. MÉLANÉSIE

9. Ethnographie. — La Mélanésie (du grec *mélas*, noir; *nèsos*, île) comprend le **continent austral** ou l'**Australie** avec les grandes **îles** de la partie sud-occidentale de l'océan Pacifique. Son nom lui vient de ses habitants, qui sont des **nègres** plus ou moins purs, à l'exception toutefois des *Maoris* de la Nouvelle-Zélande, qui appartiennent au type polynésien. Les nègres mélanésiens sont d'ailleurs bien loin de former un seul groupe ethnique; de profondes différences de mœurs, de langue, de stature, de teint, etc., existent non seulement entre les habitants des diverses îles, mais même entre ceux qui vivent côte à côte sur la même terre. Les *langues* que parlent ces peuplades sont polysyllabiques et agglutinantes; on en vante la douceur et l'harmonie, mais elles manquent ordinairement de termes pour désigner les choses qui ne se rapportent pas à la vie matérielle. — On s'est plu pendant longtemps à représenter les sauvages de la Mélanésie comme des êtres abrutis et féroces, de vrais types de bestialité; on revient aujourd'hui de ce préjugé; sans doute la plupart étaient, naguère encore, *antropophages*, et il en reste qui n'ont point renoncé à leurs affreux festins de chair humaine; mais chez eux, comme chez beaucoup d'autres cannibales, cette odieuse coutume est liée à des idées superstitieuses et ne vient que rarement d'une férocité gloutonne; elle se concilie d'ailleurs avec des sentiments d'équité et de bienveillance habituelle. Dans leurs rapports avec les blancs ils ont été plus souvent victimes que bourreaux. Non contents de leur prendre leurs terres, on les tue comme des animaux malfaisants; — dès 1834, les Anglais avaient ainsi « nettoyé » la Tasmanie de ses 7 000 habitants; — de véritables négriers vont recruter d'île en île des « travailleurs » indigènes pour le compte des colons australiens, qui les traitent en esclaves. Les nègres du continent, qu'on avait dépeints comme de vraies brutes, réfractaires à toute civilisation, se montrent, au contraire, fort intelligents, et leurs enfants qui vont aux écoles (au monastère bénédictin de la Nouvelle-Nursie, en particulier) ne sont nullement inférieurs à ceux des blancs. Les naturels des îles Fidji, qui avaient fait de l'antropophagie une institution nationale, sont des hommes magnifiques; leurs plantations d'ignames et de taros sont cultivées avec un soin des plus intelligents, comme aussi celles des cannibales de la Nouvelle-Calédonie. — La plupart des Australiens et des Papouas de la Nouvelle-Guinée vivent presque exclusivement de la *chasse*, de la *pêche* et de la *cueillette;* ils ne sont, du reste, pas exigeants pour la qualité de la nourriture, car il n'est pas d'animal si immonde qu'ils n'en fassent volontiers leur régal. — La *religion* des nègres **mélanésiens** est le fétichisme ; ils adorent toutes les forces de la nature. Des missionnaires catholiques et protestants s'emploient à les amener à la civilisation chrétienne ; la plupart des Fidjiens sont *protestants*, au moins de nom ; les Néo-Calédoniens sont, en majorité, *catholiques*. Les bénédictins de la Nouvelle-Nursie ont obtenu des résultats absolument inespérés parmi les indigènes de l'Australie occidentale. Ces bienfaits partiels sont loin de compenser les maux que le contact des blancs a amenés sur ces populations, qui semblent destinées à disparaître dans un bref délai ; en leur communiquant leurs vices, débauche, alcoolisme, abus du tabac, les Européens leur ont communiqué en même temps des maladies jusque-là inconnues, la vérole, la phtisie, la rougeole, qui dépeuplent des villages entiers ; partout le chiffre des naissances est très inférieur au chiffre des décès.

AUSTRALIE

10. Géographie physique. — L'Australie (7 700 000 kilom. car., avec la Tasmanie), située au sud-est des îles de la Sonde, est un continent aux formes massives, comme l'Afrique et la Sud-Amérique. La *mer d'Arafoura* y creuse, sur les côtes septentrionales, le grand *golfe de Carpentarie*, à l'est duquel la *péninsule d'York* s'allonge, comme pour rejoindre la Nouvelle-Guinée, à travers le *détroit de Torrès* ; ce détroit, à eau peu profonde (14 mètres à peine dans la partie la plus étroite), et parsemé de nombreux îlots où l'on pêche les perles, la nacre, l'écaille de tortue, le trépang, est fermé à l'est par une chaîne de coraux, la **Grande Barrière**, qui se prolonge au sud le long des côtes australiennes, sur une longueur de 2 500 kilomètres ; ces dangereux récifs, à fleur d'eau, s'abaissent çà et là, et présentent des passes où les marins ne s'engagent qu'en tremblant. A défaut de golfes profonds, le littoral du continent austral est entaillé de baies magnifiques : *Moreton-bay* (Brisbane), à l'est ; *Port-Jackson* (Sydney) et *Port-Philippe* (Melbourne), au sud-est ; *golfes de Saint-Vincent*, de *Spencer*, baie du Roi-Georges (*King-George-Sound*), au sud. On n'y trouve qu'un petit nombre d'**îles**, dont les deux principales sont l'île *Melville*, au nord, et au sud la *Tasmanie* ou *Terre de Van-Diémen*, séparée de la côte australienne par le *détroit de Bass*.

Le **relief** de l'Australie est bien inférieur à celui des autres parties du monde; au centre du continent, entre les golfes de Carpentarie et de Saint-Vincent, s'étend une *plaine* de faible élévation (150 mètres); le sol se relève un peu, à droite et à gauche, en *plateaux* ondulés au-dessus desquels se dressent quelques sommets plus élevés; mais il n'y a pas d'autre chaîne de montagnes que celle qui longe la côte orientale. Cette chaîne, qui s'étend de la péninsule d'York au promontoire Wilson, et se continue, même au delà du détroit de Bass, dans la Tasmanie, porte le nom d'**Alpes australiennes** dans sa partie méridionale, qui est la plus élevée. Les Alpes australiennes se composent d'un grand nombre de massifs distincts; le géant de la chaîne, le *mont Kosciusko* (2241 m.), ne rappelle que de loin le mont Blanc; partout ces montagnes, gazonnées et parsemées d'arbres, sont d'accès facile, et les bergers australiens n'ont pas de peine à les faire franchir à leurs troupeaux. Les **montagnes Bleues**, qui les continuent vers le nord, sont encore moins élevées; elles se composent de plusieurs chaînes parallèles avec chaînons latéraux.

L'Australie n'ayant point de montagnes élevées qui arrêtent les nuées au passage, et ne recevant par conséquent qu'une faible quantité de *pluies* (moins de 40 centimètres en moyenne), ne peut avoir de grands cours d'eau. Le seul fleuve digne de ce nom, le *Murray*, qui descend du versant occidental de la chaîne côtière, n'a pas même le débit de la Seine, bien qu'il égoutte un bassin d'un million de kilomètres carrés (près de deux fois l'étendue de la France), et il n'est navigable que dans son cours inférieur. Ses deux principaux affluents, le *Murrumbidgee* et le *Darling,* sont beaucoup plus longs, mais roulent encore moins d'eau que la branche principale. — Quant aux petites rivières de la côte orientale, elles sont relativement abondantes, mais n'ont qu'une faible longueur. Les cours d'eau du reste de l'Australie sont plutôt des torrents que des fleuves; le plus considérable, le *Cooper-Creek* (rivière

Cooper), qui n'a pas moins de 2000 kilomètres de long, coule parallèlement au Darling; mais il n'a pas le temps d'arriver jusqu'à la mer; il achève son cours dans le *lac Eyre*, vaste lagune pleine d'une eau saumâtre après les pluies, de boues salées et solidifiées pendant la saison sèche. L'Australie renferme plusieurs autres lacs de même genre : *Torrens* et *Gairdner*, au sud; *Amadeus*, au centre, etc.

11. — L'Australie peut se diviser en deux grandes **régions naturelles** : la *région montagneuse* de l'est et du sud-est, et la *région des plaines et des plateaux*, qui comprend tout le reste du continent. — La **région montagneuse**, arrosée de pluies abondantes (1 mèt. à 1ᵐ 50) sur le revers oriental des Alpes australiennes et des montagnes Bleues, est riche en *mines* de toute sorte et en *herbages;* on y trouve peu ou point de forêts, mais des bouquets d'arbres épars au milieu du gazon; la plupart de ces arbres sont spéciaux au continent austral; leurs feuilles, finement découpées et inclinées vers le sol, ne donnent point d'ombrage; parmi les plus communs nous citerons des *acacias,* des *casuarinées,* des *gommiers,* des *fougères arborescentes,* des *eucalyptus,* etc. ; quelques espèces de ces derniers atteignent jusqu'à 150 mètres de hauteur. La température de cette région, tropicale (26°) au nord, est tout à fait tempérée (12°) au sud. — La **région des plaines et des plateaux,** qui comprend environ les neuf dixièmes du continent, ne reçoit qu'une quantité de pluies tout à fait insuffisante (5 à 50 centimètres, suivant les contrées); des *arbres nains* et des *arbustes épineux,* parfois des *arbres plus élevés,* appartenant aux genres que nous avons déjà cités, y croissent çà et là, au milieu d'*herbes* altérées où les troupeaux sont souvent décimés par la soif. Le grand *désert de grès,* au centre, occupe le tiers du continent; il est soumis, comme le Sahara, à des alternatives de chaleurs excessives (jusqu'à 50°) pendant le jour et de froids nocturnes (jusqu'à 9° au-dessous de zéro) extrêmement rigoureux.

La faune de l'Australie n'est pas moins originale que

sa flore; à l'exception des rats, des souris et d'une espèce de chien à moitié sauvage, le *dingo*, les mammifères indigènes diffèrent complètement de ceux des autres pays; ils appartiennent en majorité à l'ordre des **marsupiaux** ou animaux à poche abdominale, comme les *kangourous* (cinquante espèces), le *dasyure*, etc, et à celui des **monotrèmes**, comme l'*ornithorynque* au bec de canard, l'*échidné*, couvert de petits piquants. — Les **oiseaux** australiens les plus remarquables sont l'*émeu*, espèce d'autruche, le *cygne noir*, l'*oiseau-lyre*, plusieurs espèces de *perroquets*.

12. Géographie politique. — Le continent austral appartient tout entier à l'Angleterre. Les premiers colons furent des forçats *(convicts)* qui débarquèrent à Port-Jackson en 1788, et y jetèrent les fondations de la ville de Sydney. Les émigrants libres n'arrivèrent que plus tard, d'abord peu nombreux (1 000 en 1825, 8 000 en 1840), puis à flots pressés après la découverte des mines d'or (1851); la population, qui n'était que de 400 000 âmes, doubla dans l'espace de cinq ans. Elle n'a plus cessé de croître et par l'immigration et par l'excédent des naissances sur les décès, qui est considérable; elle dépasse aujourd'hui trois millions; les quatre grandes villes de Sydney, Melbourne, Adélaïde et Brisbane en renferment le tiers. La majeure partie se compose d'Anglais, d'Écossais et d'Irlandais, avec un certain nombre d'Allemands. Un tiers environ des habitants est *catholique*, le reste *protestant;* l'Australie est divisée en deux provinces ecclésiastiques, Sydney et Melbourne, comprenant la première 8, la seconde 6 sièges épiscopaux.

Au point de vue politique, le continent austral se divise en six **colonies :** *Nouvelle-Galles du Sud, Victoria, Queensland, Australie méridionale, Australie occidentale* et *Tasmanie,* qui forment comme autant d'États distincts, ayant chacun sa constitution propre, son administration et ses finances. A part l'Australie occidentale, dont les magistrats sont nommés par la couronne, chacune des colonies australiennes s'administre librement sous l'autorité d'un gouverneur qui représente le gouvernement métropolitain. Depuis quelque temps, elles manifestent le désir de s'unir en une vaste confédération.

TABLEAU DES COLONIES AUSTRALIENNES

COLONIES	Fonda-tion.	Kilomèt. carrés.	Population (1891).	Par kil.car.	CAPITALES
Nouvelles-Galles du Sud. . .	1788	800 000	1 135 000	1,4	Sydney.
Victoria.	1851	230 000	1 140 000	5	Melbourne.
Queensland.	1859	1 730 000	395 000	0,2	Brisbane.
Australie méridionale { Australie méridionale.	1836	985 000	315 000	0,3	Adélaïde.
Territoire du Nord. .	1863	1 356 000	5 000	—	Palmerston.
Australie occidentale.	1829	2 530 000	50 000	0,02	Perth.
Tasmanie	1854	68 000	145 000	2	Hobart.
Australie.		7 700 000	3 200 000	0,4	

13. — Les **villes principales** de l'Australie sont : dans
l'**Australie occidentale**, *Perth* (10 000 h.) la capitale,
sur la rivière des Cygnes (Swan-river) ; elle est reliée par
un chemin de fer à *Fremantle*, son avant-port, et par une

Melbourne.

route carrossable à *Albany*, sur la baie du Roi-George. —
Dans l'**Australie méridionale**, *Adélaïde* (130 000 h.),
la capitale, sur la côte orientale du golfe Saint-Vincent ;
Palmerston, sur la baie de Port-Darwin, chef-lieu du
Territoire du Nord. — Dans la **Tasmanie**, *Hobart-town*
(30 000 h.), au sud, capitale de la colonie ; *Launceston*

(20000 h.), au nord, la principale ville de commerce. —
Dans la colonie de **Victoria**, **Melbourne** (490000 h.,
avec les faubourgs), la capitale, ville remarquable par ses
superbes monuments, bâtie sur une baie magnifique qui
s'ouvre au nord de Port-Philip; douze lignes de chemins de fer rayonnent
autour de Melbourne et
rattachent cette grande
place de commerce aux
colonies voisines et aux
autres villes de Victo-
ria; *Geelong* (22000 h.)
cité industrielle, située
sur la même baie; *Bal-
larat* (24000 h.) et
Sandhurst ou *Bendigo*

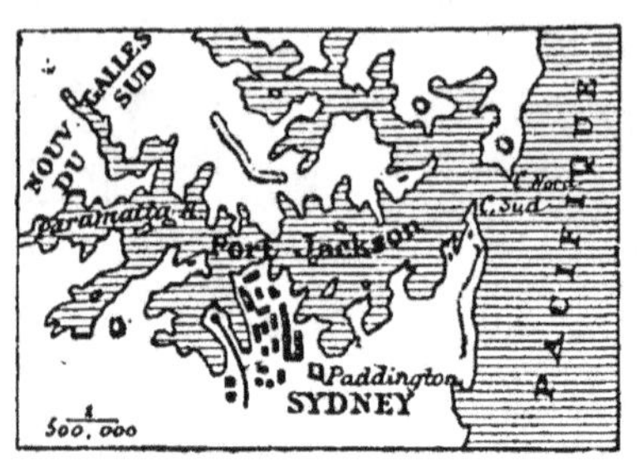

Sydney.

(30000), villes de l'intérieur, célèbres par leurs mines
d'or. — Dans la **Nouvelle-Galles du Sud**, **Sydney**
(390000 h., avec les faubourgs), la capitale, ville industrielle et commerçante, sur la rive méridionale de la magnifique baie de Port-Jackson; *New-Castle* (20000 h.),
au nord, qui exporte des houilles; — dans le **Queensland** (Terre de la Reine), *Brisbane* (75000 h., avec
les faubourgs), à l'embouchure du fleuve de même nom.

14. Géographie économique. — L'agriculture
proprement dite est encore bien peu développée en Australie; la surface des terres labourées n'est pas même de
35000 kilomètres carrés. Le *froment* (12 millions d'hectol.)
et le *vin* dans les parties tempérées, le *sucre* et le *coton*
dans la région tropicale, en sont les principaux produits. —
Ce sont les **animaux domestiques** qui constituent la
richesse agricole de l'Australie; on compte, dans les six
colonies, environ 1 300 000 *chevaux*, 7 600 000 *bœufs*,
85 millions de **moutons** et 800 000 *porcs*. — Depuis un
certain nombre d'années, le bétail rencontre un concurrent
redoutable dans le *lapin* sauvage; cet animal, importé
d'Europe, s'est multiplié au point de devenir un fléau
plus désastreux encore que les longues sécheresses qui

désolent souvent l'Australie; on a beau en tuer 50 millions par an, le nombre de ces rongeurs ne cesse de croître, et les moutons ne trouvent plus d'herbe dans les meilleurs pâturages. — Le régime de la grande propriété domine en Australie; le sol est divisé en domaines immenses (*runs*), que se partagent un petit nombre de *squatters;* six pour cent seulement des habitants sont propriétaires fonciers.

L'Australie est riche en **mines**; celles qui sont le plus activement exploitées sont les mines d'**or** (Ballarat, Sandhurst, etc.), qui ont déjà produit pour près de 9 milliards de métal; celles de *charbon,* de *cuivre* et d'*étain.* — L'**industrie** manufacturière commence à se développer dans les grandes villes, où s'élèvent déjà de puissantes usines.

Les **voies de communication**, les **chemins de fer** (15000 kilom.) en particulier, ont un développement énorme, eu égard au chiffre de la population, mais minime en proportion de l'étendue. La ligne la plus considérable est celle d'Adélaïde à Brisbane, par Melbourne, Sydney et New-Castle; plusieurs lignes de pénétration, partant de divers points des côtes orientales et sud-orientales, s'avancent assez loin dans l'intérieur. La grande ligne centrale, qui doit unir Palmerston à Adélaïde, est commencée à ses deux extrémités; un tiers en est déjà livré à la circulation.

Le **commerce** extérieur des colonies australiennes est d'environ 3 milliards; il dépassait 3 milliards et demi en 1891. L'Australie est le premier pays du monde pour l'exportation des **laines** (700 millions environ); les autres articles d'échange sont des denrées agricoles : *peaux, viande congelée, vin,* ou des produits miniers : *or, cuivre, étain, houille,* etc. — Le commerce se fait principalement par les **ports** d'*Adélaïde, Melbourne, Sydney, New-Castle, Brisbane, Launceston,* etc. — Plusieurs lignes de paquebots, anglaises, françaises et allemandes, mettent ces ports en relations fréquentes et régulières avec l'Europe. — L'Australie est unie au réseau télégraphique du monde par un câble qui atterrit à Palmerston et traverse la partie centrale du continent jusqu'à Adélaïde.

ILES MÉLANÉSIENNES

15. — Le tableau suivant contient l'énumération des principaux groupes d'îles de la Mélanésie, avec leur étendue, leur population présumée et les peuples européens qui en sont les possesseurs ou les protecteurs :

PRINCIPAUX GROUPES	KILOM. CAR.	POPULATION PRÉSUMÉE	
Nouvelle-Guinée. . .	800 000	$\frac{1}{2}$ à 2 millions	Hollandais à l'ouest, Allemands au nord, Anglais au s.-e.
Nouvelle-Bretagne .	40 000	150 000	Allemands.
Iles Salomon	44 000	175 000	Allemands.
Iles Santa-Cruz. . .	1 000	5 000	Anglais et Français.
Nouvelles-Hébrides.	13 000	60 000	Anglais et Français.
Nouvelle-Calédonie .	20 000	64 000	Français.
Archipel Fidji. . . .	20 000	120 000	Anglais.
Nouvelle-Zélande . .	275 000	700 000	Anglais.

16. Nouvelle-Guinée. — La Nouvelle-Guinée ou Papouasie (770 000 kilom. car., sans les petites îles qui la bordent), la plus grande île du monde, est séparée de l'Australie par le *détroit de Torrès* et la *mer d'Arafoura*; elle se compose d'une partie centrale massive et de deux prolongements péninsulaires à ses deux extrémités nord-ouest et sud-est. Les côtes sont frangées de nombreuses *îles* (*Keï, Arou, Frédéric-Henri*, etc., en tout 30 000 kilom. car.). L'intérieur, encore inexploré en majeure partie, est sillonné de **montagnes** élevées; un des sommets de la *chaîne Charles-Louis* dépasse 5 000 mètres d'altitude. — Les contrées de l'ouest et du nord, largement arrosées (2 à 3 mètr. de pluies), sont revêtues d'une splendide végétation, qui rappelle celles des Moluques, tandis que, sur le versant du sud-est, qui est plus sec, la *flore*, moins riche, est en partie australienne; il en est de même de la *faune* de l'île entière, ce qui semblerait indiquer que les deux terres ont été autrefois unies ensemble. Les magnifiques *oiseaux de paradis*, propres à la Nouvelle-Guinée, pas-

saient jadis pour n'avoir pas de pattes, fable que les indigènes accréditaient en mutilant les peaux de ces oiseaux
avant de les vendre.

Trois puissances européennes se sont partagé la Nouvelle-Guinée, sans qu'aucune y ait encore pris pied sérieu-
sement : les **Hollandais** possèdent la partie située à
l'ouest du 141° (méridien de Greenwich; 390 000 kilom.
car., 300 000 h.), avec le port de *Doreï*, situé à l'entrée de
la baie de Geelvink; — les **Anglais,** la partie sud-orientale
(230 000 kilom. car., 500 000 h.), avec la station de *Port-*
Moresby ; — enfin les **Allemands,** la côte nord-orientale
(180 000 kilom. car., 100 000 h.), qu'ils ont nommée
Terre de l'empereur Guillaume,

17. Nouvelle-Bretagne. — Iles Salomon, Santa-
Cruz, Nouvelles-Hébrides. — Les **Allemands** se sont
également emparé des deux archipels de la *Nouvelle-Bre-*
tagne et des *îles Salomon,* terres élevées, volcaniques, extrèmement humides et malsaines, situées à l'est de la Nouvelle-Guinée. L'archipel de la **Nouvelle-Bretagne,** qui
s'appellera désormais **archipel Bismarck,** comprend deux
grandes îles, la *Nouvelle-Irlande* (aujourd'hui *Nouveau-*
Meklembourg) et la *Nouvelle-Bretagne* (aujourd'hui *Nou-*
velle-Poméranie), avec plusieurs petites. L'Allemagne ne
possède pas tout le groupe des îles Salomon; la partie méridionale est « dans la sphère de l'influence anglaise ».

Les îles *Santa-Cruz* ou de la *Reine-Charlotte* sont situées à l'est des îles Salomon; le récif de *Vanikoro,* sur
lequel se brisa le vaisseau de La Pérouse, fait partie de ce
groupe. — Au sud s'allonge l'archipel des **Nouvelles-**
Hébrides, dont l'île principale porte le nom d'*Espiritu-*
Santo. Les Néo-Hébridais fournissent un certain nombre
de travailleurs à la Nouvelle-Calédonie; le gouvernement
français avait songé à s'en emparer, il y avait même envoyé
des troupes, qu'il a retirées sur les réclamations de l'Angleterre.

18. Nouvelle-Calédonie. — La Nouvelle-Calédonie
(20 000 kilom. car., avec les *îles Loyauté* ou *Loyalty*),

possession française depuis 1853, est une île orientée du nord-ouest au sud-est, comme la Nouvelle-Guinée et les archipels que nous venons de passer en revue; elle a près de 400 kilomètres de long sur 43 de largeur moyenne; une barrière de coraux, coupée çà et là par des passes, l'entoure à une faible distance du rivage. C'est une terre montueuse, où plusieurs sommets se dressent à 1 400 et même 1 700 mètres. Le climat en est agréable, assez sec (1 mèt. de pluies) et remarquablement sain. Elle doit, dit-on, ce privilège, qu'elle ne partage avec aucune autre île de la Mélanésie équatoriale, à la présence d'un arbrisseau bienfaisant, le niaouli, qui serait pour elle ce qu'est l'eucalyptus pour l'Australie. L'île est assez riche en mines; on y exploite notamment le *cuivre*, le *cobalt* et surtout le *nickel* (20 000 tonnes de minerai par an). Les principales productions agricoles sont le *sucre* et le *café*. — Le nombre des indigènes, qui s'élevait à environ 60 000 lors de la prise de possession, ne cesse de diminuer; sur les 40 000 qui restent, 10 000 environ sont catholiques. La population blanche se compose d'un petit nombre de *colons libres* (moins de 6 000), de 13 500 transportés, employés pour la plupart aux travaux publics, de 3 500 fonctionnaires, soldats et surveillants; de plus, environ 2 000 « engagés » néo-hébridais travaillent dans les plantations. — Le chef-lieu de la colonie, *Nouméa* (4 000 h.), est bâti sur une baie assez spacieuse et bien abritée.

19. Iles Fidji. — L'archipel Fidji, que l'Angleterre a annexé à son empire colonial en 1874, est situé à l'est des Nouvelles-Hébrides; il se compose de deux grandes iles, *Viti-Levou*, et *Vanua-Levou*, et de plusieurs petites. Le climat en est chaud et humide (2 à 3 mètr. de pluies) et la végétation magnifique. Les principaux produits, destinés à l'exportation, sont l'*huile*, la *noix de coco* et le *sucre*. — Les indigènes, qui diminuent rapidement, sont encore au nombre de 115 000; on ne compte plus que 2 000 blancs dans l'archipel; en 1884, ils étaient deux fois plus nombreux.

20. Nouvelle-Zélande. — La colonie anglaise de la Nou-

velle-Zélande (275 000 kilomètres carrés, 700 000 habitants) est **bien**
une terre mélanésienne par sa situation à l'est de la Tasmanie ; mais ses
habitants indigènes, les *Maoris,* appartiennent à la race polynésienne,
dont ils offrent un des plus beaux types ; ce sont des hommes
superbes, au teint clair, intelligents et braves ; malheureusement ils
sont menacés de disparaître à bref délai ; leur nombre, qui s'élevait
à 100 000 au commencement du siècle, n'est plus que de 40 000
environ.

La Nouvelle-Zélande se compose de deux îles, séparées par le
détroit de Cook. L'île du Nord est éminemment volcanique et
souvent secouée par des tremblements de terre ; l'île du Sud, beaucoup
plus élevée dans son ensemble (1 000 à 1 200 mètres), est sillonnée par
une haute chaîne de montagnes qui dresse, le long de la côte occidentale, des sommets de 2 500 à 3 000 mètres (mont Cook 3 768
mètres), et renferme de puissants glaciers. — Le *climat,* qui est
partout salubre, serait très agréable sans les vents violents qui y
tourbillonnent sans cesse. Au nord, la température rappelle celle de
l'Italie ; au sud, celle de
l'Écosse, moins les brouil-
lards. La *flore* est caractérisée par une grande
quantité de *fougères* (130
espèces) et par des *coni-
fères* particuliers à ces îles.
La *faune* est également
originale : le *dinornis,*
monstrueuse autruche de
trois mètres de haut, dont
le squelette orne nos mu-
sées, a été exterminé de-
puis longtemps ; mais il
reste l'*aptérix,* singulier
oiseau couvert de poils au
lieu de plumes.

La *population blanche*
(650 000 h.), composée
d'Anglais, d'Écossais et
d'Irlandais, s'accroît très
rapidement : on compte
trois naissances pour un
décès. La majorité est pro-
testante ; il y a 80 000 catholiques.

Les **villes princi-
pales** sont, dans l'île
du Nord, *Auckland* (60 000 h., avec les faubourgs), le
port le plus commerçant de la colonie, et *Wellington*

(30 000 h.), la capitale, située au bord du détroit de Cook,
sur le port Nicholson ; dans l'île du Sud, *Nelson* (10 000 h.),
au nord ; *Christchurch* (40 000 h.) et *Dunedin* (50 000 h.),
sur la côte orientale.

La principale richesse de la Nouvelle-Zélande consiste
dans ses herbages, qui nourrissent 15 millions de **moutons**
et près de 1 million de *bêtes à cornes ;* les éleveurs expédient
chaque année plus de 1 million et demi de moutons abattus
et congelés. — On a déjà extrait environ 1 200 millions
d'or de l'île méridionale ; mais la production du précieux
métal baisse notablement. Celle des *houillères* est, au
contraire, en augmentation. — La colonie possède de
grandes *manufactures ;* elle fabrique ses navires et tout
le matériel de ses *chemins de fer ;* ceux-ci ont déjà un
développement de 3 000 kilomètres. — Le *commerce exté-*
rieur est d'environ 400 millions.

§ III. POLYNÉSIE

21. Géographie physique. — La Polynésie (du grec
polys, nombreux ; *nêsos,* île) se compose d'une multitude innombrable de petites îles éparses au sein de l'océan
Pacifique. Elles se rangent naturellement en trois grands
groupes : la *Micronésie* (du grec *micros,* petit ; *nêsos,*
île), au nord-ouest ; la *Polynésie* proprement dite, au
centre et à l'est, et l'*archipel Hawaï,* au nord. — Le tableau suivant fait connaître l'étendue, la population et la
situation politique des divers archipels polynésiens.

ARCHIPELS	Kilom. car.	Habitants.	SITUATION POLITIQUE
Micronésie.			
Palaos.	500	12 000	Possession espagnole.
Mariannes.	1 120	10 000	id.
Carolines	930	30 000	id.
Marshall.	400	10 000	Possession allemande.
Gilbert.	428	40 000	Possession anglaise.
Ellice	36	3 000	id.
Total.	3 514	105 000	

Polynésie proprement dite.

Phœnix	42	60	Indépendante.
Tokolau (Union). . .	14	520	id.
Wallis.	300	8 300	Protectorat français.
Samoa.	2 800	34 300	Protect. anglais, allemand, américain.
Tónga	1 200	30 000	Protectorat allemand et anglais.
Cook (Hervey). . . .	370	12 000	Protectorat anglais.
Tubuaï.	290	1 400	Possession française.
Iles de la Société. . .	1 650	16 000	id.
Touamotou (Pomotou)	980	5 600	id.
Ile de Pàques.	120	60	Possession chilienne.
Marquises.	1 274	6 000	Protectorat français.
Manaiki	140	1 600	Indépendant.
Fanning.	300		Protectorat anglais.
Total.	9 480	115 780	

Archipel Hawaïen.

Hawaï	11 356		
Maui.	1 268		Indépendant; république
Oahu	1 680	90 000	provisoire, gouvernée
Kauaï	1 707		par des Américains.
Autres îles	935		
Total.	16 946		

22. — Les îles de la Polynésie ne sont point, comme on serait tenté de le croire à une simple inspection de la carte, jetées sans ordre sur les flots du Pacifique; de nombreux sondages ont permis de constater qu'elles sont portées sur des socles élevés, véritables chaînes de montagnes sous-marines, orientés, à peu d'exception près, du nord-ouest au sud-est, et séparés les uns des autres par des vallées d'une grande profondeur (4 000 à 8 000 mètr.). — Les archipels qui forment les points culminants de ces hauteurs océaniques appartiennent à deux catégories distinctes. Les uns, composés d'îles élevées, montagneuses, arrondies, sont d'origine **volcanique**; la plupart, il est vrai, ne présentent plus de volcans actifs, mais des cratères éteints depuis longtemps et couverts de forêts, comme les monts *Kao* (1 524 m.), dans l'archipel Tonga; *Rarotonga* (1 500 m.), dans l'archipel de Cook; *Orohena*

(2237 m.), à Taïti ; et *Mauna-Kéa* (4208 m.), le géant des cimes polynésiennes, dans l'île Hawaï. Le **Mauna-Loa**, au contraire, voisin et rival en hauteur (4145 m.) du Mauna-Kéa, a manifesté plusieurs fois son activité, dans ces dernières années, par de formidables éruptions (*Géographie générale*, n° 68). Sur ses flancs, à 1210 m. d'altitude, s'ouvre l'immense cuve du *Kilauéa* (15 kilom. de circonférence), vaste abîme de feu et de laves bouillonnantes. — Le second groupe se compose d'îles généralement petites, et si basses, que des marées de 3 à 4 m. suffiraient à les submerger. Ces terres, œuvre des polypes ou madrépores du **corail**, sont très nombreuses dans les eaux peu profondes des mers du Sud ; les innombrables îles, îlots et récifs de l'archipel Dangereux (îles Touamotou, Gambier, etc.) offrent l'exemple le plus frappant de cette formation ; plusieurs ne se composent que d'un anneau de terre entourant une lagune centrale (île Clermont-Tonnerre) ;

Iles Mangarewa et Clermont-Tonnerre.

ailleurs elles se groupent en *attolls*, protégés par une barrière de corail. Du reste, les îles volcaniques du premier groupe sont aussi entourées, à une faible distance en mer, d'une barrière de récifs coralliens.

Bien que situées dans la zone torride, les îles de la Polynésie ont un *climat* agréable et une *température* assez douce, grâce aux brises marines qui les traversent. Celles du second groupe sont trop peu élevées pour arrêter au passage les nuées pluvieuses ; aussi plusieurs d'entre elles (Fanning, etc.) sont-elles d'une stérilité complète. Au contraire, dans les îles volcaniques, qui doivent à leur élévation de recevoir une quantité de *pluies* largement suffisante, on trouve une splendide *végétation*, pauvre en espèces, mais riche en individus.

23. Géographie ethnographique. — A part les *microné-siens,* qui se rattachent au type *indonésien* (n° 5), les habitants de la Polynésie (300 000 environ) forment une race distincte, homogène, qu'on regarde comme une branche détachée de la *souche malaie* et qui est répandue sur toute l'étendue du Pacifique, de la Nouvelle-Zélande aux îles Sandwich. Ils parlent tous la même langue douce et harmonieuse, avec quelques différences de dialectes. Les Polynésiens, qui se donnent à eux-mêmes le nom de **kanaks** (hommes), descendent d'émigrants malais que les courants océaniques ont portés, de gré ou de force, dans les diverses îles des mers du Sud. Ils ont le teint brun clair, la taille élevée, une belle prestance; pris en masse, ce sont, dit-on, les plus beaux hommes de la terre. D'un caractère gai et insouciant, ils aiment passionnément la musique et la danse; ils ont d'ailleurs l'intelligence vive, et la plupart possèdent de remarquables talents oratoires. La terre leur fournissant presque sans culture tout ce qui leur est nécessaire, ils passent la majeure partie du jour «dans une oisiveté absolue et une rêverie sans fin. La seule occupation qui leur plaise, parce qu'elle est ni régulière ni forcée, c'est la pêche». Nageurs émérites, ils restent souvent des journées entières dans l'eau. — Il est fâcheux qu'une race aussi belle et aussi sympathique soit menacée de s'éteindre dans un prochain avenir. Les maladies que les blancs ont inoculées aux kanaks avec leurs vices, la traite qu'ils en font dans certaines îles, les habitudes nouvelles introduites par eux, etc., ont amené une augmentation rapide de la mortalité, et diminué dans la même proportion la fécondité des familles. Des 200 000 kanaks qui peuplaient les îles Hawaï en 1790, il n'en restait plus que 110 000 en 1835, 67 000 en 1860, et 34 000 en 1890, avec 6 000 métis. L'élément étranger, représenté par des *Chinois* et des *Japonais* (28 000), qui travaillent dans les plantations, et par des blancs (21 000, dont 8 600 Portugais, 2 000 Américains, 2 400 Anglais et Allemands, et 7 500 enfants d'étrangers), est donc notablement supérieur à l'élément indigène dans le groupe des Sandwich. Le même souffle de mort a passé sur les autres îles. La population de l'archipel Wallis, qui est tout entière catholique et de mœurs pures, s'accroît pourtant d'une façon normale. — Le *catholicisme* et diverses *sectes protestantes* (les Wesleyens en particulier) se partagent la majeure partie des kanaks. La Polynésie, divisée en six vicariats apostoliques avec 90 missionnaires français, renferme environ 75 000 catholiques.

24. Géographie politique. — Avant l'arrivée des Européens, les *kanaks* étaient soumis à des chefs dont l'autorité était absolue et aveuglément respectée. Partout ces chefs usaient largement du droit d'imposer le *tabou,* sorte d'interdiction souvent vexatoire, dont ils frappaient certaines personnes ou certains objets; la violation du tabou entraînait la peine de mort. — Aujourd'hui le pouvoir des chefs est aboli dans plusieurs îles, qui sont administrées par des gouverneurs européen (Taïti, par exemple); dans d'autres, il est amoindri et contrôlé par les agents des puissances qui y ont imposé leur protectorat, ou bien tenu en échec par l'influence des missionnaires. — L'Angleterre et l'Allemagne exercent en commun leur protectorat sur les *île Tonga* ou *des Amis*. — L'Angleterre, l'Allemagne et les États-Unis, se disputent les *îles Samoa* ou *archipel des Navigateurs*. — L'Angleterre a pris possession de l'*archipel de Cook*. — La France administre les *îles Taïti* ou *de la Société*, l'*archipel Touamotou* et les *îles Marquises;* elle a accepté le protectorat des *îles Wallis*. — Les **îles Sandwich** ou **archipel Hawaïen**, dont l'étendue dépasse de plus du tiers celle de toutes les autres îles polynésiennes, formaient un royaume indépendant; mais, en 1893, une révolution excitée par les planteurs américains, a détrôné la reine et demandé l'annexion de l'archipel aux États-Unis. La capitale, *Honolulu* (20 000 h.), est une importante station de paquebots américains, sur la ligne de San-Francisco à Auckland. — Parmi les autres **villes** polynésiennes, il suffira de citer *Papéiti*, chef-lieu de l'île Taïti, et *Apia*, dans les îles Samoa.

25. Géographie économique.— Le travail des kanaks se borne à la *pêche* et à la culture de l'*igname* et du *taro*, qui forment avec les *bananes*, le *mayoré* ou fruit de l'arbre à pain et la *noix de coco*, la base de leur alimentation. La racine du *kava*, préalablement mâchée par les jeunes filles et les jeunes garçons qui ont les plus belles dents, et délayée ensuite dans l'eau, leur procure une boisson enivrante d'un usage général. — L'article le plus commun d'**exportation** de la Polynésie est le *coprah* ou amande de coco. Les îles Sandwich, qui possèdent de très productives plantations de cannes, expédient chaque année à San-Francisco des chargements de *sucre*, pour environ 40 millions. Les plongeurs des îles Gambier et Touamotou recueillent de la *nacre* et des *perles*.

26. Voies maritimes. — A part les îles Sandwich,

les archipels polynésiens n'ont de communications périodiques avec l'Europe que par des voiliers qui font chaque mois le voyage de San-Francisco à Taïti. — De nombreuses lignes de vapeurs anglais, français et allemands, traversent l'isthme de Suez à destination des ports australiens, *Freemantle* (Perth), *Adélaïde*, *Melbourne* et *Sydney* : il existe un service mensuel entre Marseille et *Nouméa* (42 jours). — Dans la Malaisie, *Batavia* est surtout en relation avec Amsterdam, *Manille* avec l'Espagne. Grâce à leur proximité de Singapour et de Hong-Kong, où passent les nombreuses lignes de l'Extrême-Orient, les îles Malaises ont des communications faciles avec l'Europe.

Une ramification du câble anglais de l'Extrême-Orient se détache à Singapour, parcourt Java, traverse l'Australie et aboutit à la Nouvelle-Zélande et à la Nouvelle-Calédonie.

ÉTUDES D'ENSEMBLE

—

§ I. — LES GRANDS ÉTATS COMPARÉS ENTRE EUX

1. Grands États. — Quand il est question d'un grand État, les deux premières idées qui se présentent à l'esprit sont celles d'une *population considérable* et d'un *vaste territoire*, soumis à un même gouvernement. Si l'on n'avait à tenir compte que de ces deux éléments, il serait relativement facile d'assigner la place que doit occuper chaque État ; car il ne s'agit là que de quantités mesurables. Ce qui complique le problème, c'est qu'il faudrait également tenir compte de la *qualité* ou de la valeur relative des terres, et surtout des hommes. Tout ce qu'on peut dire, c'est qu'un État est d'autant plus grand qu'il dispose d'une quantité plus considérable de terres productives et qu'il renferme plus d'hommes robustes, intelligents et moraux.

Les plus grands États du monde sont, en **Europe**, l'*Allemagne*, l'*Angleterre*, l'*Autriche*, la *France* et l'*Italie ;* il faut y ajouter la *Russie*, moitié européenne et moitié asiatique, et la *Turquie*, à laquelle il ne reste plus qu'un lambeau de son domaine européen, mais qui conserve encore de vastes possessions en Asie et en Afrique. — L'**Asie** ne renferme qu'un grand État, la *Chine ;* — l'**Amérique** en a deux, les *États-Unis* et le *Brésil*, auxquels on pourrait ajouter, vu la grande étendue de leurs territoires, le *Mexique* et la *République Argentine*.

5*

Le tableau suivant présente la statistique de ces États et de leurs colonies :

	ÉTATS			COLONIES		ENSEMBLE	
	Superficie milliers de k. c.	Populat. millions d'hab.	Habit. par k. c.	Superficie milliers de k. c.	Populat. millions d'hab.	Superficie milliers de k. c.	Populat. millions d'hab.
Russie	22430	119	5				
Chine........	11115	360	34				
États-Unis.....	9212	63	7				
Angleterre.....	315	38	120	24738	302	25053	340
France.......	528	38	72	2920	33	3448	71
Allemagne.....	540	50	91	2400	4	2940	54
Brésil........	8337	14	1,7				
Turquie	4129	33	8				
Argentine	2789	4	1,3				
Mexique	1946	11	6				
Autriche-Hongrie.	625	41	66				
Italie........	286	30	105				

2. Quatre États géants. — Les quatre États qui figurent en tête du tableau précédent : *Russie, Chine, États-Unis* et *Angleterre,* occupent aujourd'hui une situation tout à fait hors ligne : ils se partagent à peu près les trois cinquièmes des hommes et plus de la moitié des terres. — Les trois premiers ont le grand avantage de former un tout compact, plus facile par conséquent à administrer et à défendre, tandis que l'Angleterre, resserrée dans les limites étroites de son île, n'est grande que par ses colonies, dont elle est séparée par d'immenses espaces.

La Chine renferme une population (360 à 400 millions) relativement très dense, vu la grande étendue des terres stériles qu'elle présente dans certaines de ses parties (Grand plateau central, Thibet, désert de Gobi, etc.), et elle a de la peine à nourrir ses habitants, malgré leur activité et leur sobriété extrêmes; on ne peut donc pas compter sur un accroissement bien sensible de sa population. — Il n'en est pas de même des trois autres puissances. La Russie possède en Europe, dans les plaines de l'Asie centrale et dans la partie méridionale de la Sibérie, d'immenses étendues d'excellentes terres, qui n'attendent que des colons pour produire de magnifiques récoltes. Aussi la population s'accroît avec une prodigieuse rapidité; l'empire russe gagne chaque année près de deux millions d'hommes par suite de l'excédent des naissances sur les décès. Le même fait se produit dans les colonies anglaises et aux États-Unis; mais l'accroissement naturel y est peu de chose en comparaison de celui qui résulte de l'émigration.

En supposant que la population atteigne dans ces pays une densité de 50 habitants par kilomètre carré, chiffre qui n'a rien d'exagéré puisqu'il est inférieur à celui que présente l'Europe en dehors de la Russie,

L'empire britannique renfermerait 1 250 millions d'habitants.
La Russie   »   »   1 120   »   »
Les États-Unis   »   »   460   »   »

3. Russie. — La moitié septentrionale de l'empire russe s'étend sur des solitudes glacées, où peuvent à peine vivre de misérables tribus de pêcheurs et de chasseurs; mais, dans les plaines méridionales, on trouve d'excellentes terres à blé et des steppes herbeux, capables de nourrir une population vingt fois supérieure à celle d'aujourd'hui. Cependant le climat est partout excessif, brûlant en été, glacial en hiver, parce que nulle part ne se fait sentir la bienfaisante influence de la mer. — L'Oural et l'Altaï renferment de grandes richesses minérales, or, argent, platine, fer, malachite; le Caucase possède des sources abondantes de pétrole; enfin il y a des dépôts de houille sur plusieurs points de la Pologne et de la Moscovie.

Avec toutes ces ressources, la population qui est d'ailleurs, robuste, intelligente et laborieuse, vit dans la pauvreté et l'ignorance. Les meilleures terres, faute d'une culture appropriée, produisent à peine le cinquième ou le sixième des récoltes qu'on obtient en Angleterre et en France. L'industrie manufacturière, à peu près nulle dans la Russie asiatique, n'existe guère, dans la Russie d'Europe, qu'en Pologne, dans les provinces occidentales et aux environs de Moscou. Le commerce est paralysé, à l'intérieur comme à l'extérieur, par l'insuffisance des voies de communication. Le grand développement des fleuves navigables ne compense point la rareté des voies ferrées pour la commodité du trafic intérieur. La situation de l'empire est encore plus défavorable relativement au commerce maritime; les seules mers par lesquelles la Russie entretienne des relations avec le reste du monde, la Baltique et la mer Noire, ne communiquent avec l'Océan que par des détroits resserrés, dont elle n'a pas la garde. Voilà pourquoi, pour le dire en passant, il est bien difficile qu'elle n'essaye pas, lors du partage plus ou moins prochain de l'empire turc, de s'emparer de Constantinople, dont la possession lui donnerait les clefs de la Méditerranée.

4. Chine. — La Chine, limitrophe de la Russie sur des milliers de kilomètres, ne ressemble guère à sa puissante voisine que par son étendue. Là, toutes les terres fertiles sont cultivées jusqu'à la dernière motte, et nourrissent une population exubérante; mais il s'en faut que les richesses minérales, la houille en particulier, dont la Chine possède d'immenses dépôts, soient exploitées avec la même activité. Momifiés dans les bandelettes d'une civilisation vingt ou trente fois séculaire, où le formalisme étroit d'une étiquette minutieuse tient trop souvent lieu de vertu, habitués à ne voir dans les étrangers que des barbares, les Chinois se sont montrés, jusqu'au milieu de notre siècle, réfractaires à toute idée de progrès. Cependant ils commencent à se familiariser peu à peu avec les inventions modernes; ils possèdent des bateaux à vapeur, des télégraphes, des fusils et des canons perfectionnés. Les peuples chrétiens auront-ils longtemps à s'applaudir de ce progrès, qui pourrait bien se retourner contre ses promoteurs? L'avenir le dira. En attendant, les mêmes nations qui ont forcé la Chine à leur ouvrir ses portes, se croient obligées de prendre des mesures contre l'invasion pacifique des ouvriers et des marchands chinois.

5. États-Unis. — Les États-Unis possèdent un territoire presque aussi vaste que l'Europe, d'une fertilité égale ou supérieure, et susceptible des cultures les plus variées à cause de la différence des climats. Le sous-sol renferme des trésors inépuisables en houille, pétrole, fer, cuivre, or et argent, dont l'exploitation est poussée avec une fiévreuse activité. Leur situation est des plus heureuses; car ils font face aux contrées les plus riches et les plus peuplées de l'ancien monde, l'Europe d'un côté, la Chine et le Japon de l'autre. Le littoral est pourvu de ports nombreux et excellents. — Tous ces avantages ne pouvaient manquer d'y attirer de nombreux émigrants; c'est en effet ce qui a eu lieu, et il n'y a pas d'exemple d'un accroissement de population aussi rapide : en 1800, les États-Unis ne renfermaient que 5 millions d'habitants; il y en avait 63 millions en 1890, et la densité n'est encore que de 7 habitants par kilomètre carré. L'agriculture, l'industrie et le commerce se sont développés plus rapidement encore que la population. Les États-Unis inondent l'Europe de leurs blés et de leurs conserves de viande; ils récoltent plus des quatre cinquièmes de la production totale du coton dans le monde entier. Leur industrie manufacturière, munie d'un outillage très perfectionné, suffit presque aux besoins du marché intérieur, dont le gouvernement écarte les produits étrangers par des droits d'entrée excessifs et des mesures vexatoires; déjà même elle fait concurrence à l'industrie européenne sur les marchés extérieurs. — Le projet de réunir toutes les républiques américaines en une vaste confédération douanière, afin de les isoler de l'Europe, a été formé par les États-Unis; s'il n'a pas abouti, tout indique qu'il sera repris plus tard; ils y gagneraient un énorme accroissement de richesse et d'influence. — Un des grands avantages des États-Unis, c'est de n'avoir point d'armée permanente; il en résulte que, avec des impôts très modérés, leur budget peut faire face largement à toutes les dépenses utiles et que les bras de la jeunesse ne sont point distraits des travaux productifs. — Grâce aux qualités de race des Anglo-Américains et à l'esprit libéral de leur législation, l'initiative individuelle, trop souvent comprimée dans nos vieux pays d'Europe, se donne libre carrière dans la grande république, et contribue plus que tout le reste à la prospérité du pays.

6. Angleterre. — L'Angleterre, resserrée dans une île où la population surabonde (Royaume-Uni, 120 hab. par kilom. car.; Angleterre et pays de Galles, 192), est incontestablement le premier État du monde pour l'industrie et le commerce; elle doit cette supériorité à la richesse de ses mines et au développement de sa marine. L'Hindoustan, l'Australie, l'Afrique méridionale et le Canada, les trois principales colonies anglaises, seraient, chacune prise séparément, de grands États. Une série de colonies plus petites et de postes, savamment échelonnés le long des côtes et dans les îles, relient entre elles les diverses parties de cet immense empire, et fournissent aux flottes britanniques des lieux de relâche et de ravitaillement sur tous les points du globe. — L'empire indien, avec ses 290 millions d'habitants (59 hab. par kilom. car.), ne le cède en population qu'à la Chine; mais ce n'est qu'une colonie d'exploitation; l'élément anglais n'y est guère représenté que par des fonctionnaires, des soldats et un petit nombre d'industriels et de commerçants, qui n'y prennent pas racine. La domination de quelques milliers d'étrangers sur tant de millions d'Indous fanatiques parait toujours précaire. Elle peut d'ailleurs être menacée d'un moment à l'autre par les visées ambitieuses de la Russie, qui n'est plus séparée des riches plaines de l'Indus et du Gange que par un mince écran de montagnes. — Toute différente est la condition des autres colonies britanniques, Canada (5 millions d'hab.; 0,6 par kil. car.), Australie (4500000 hab.; 0,5 par kilom. car.), et Afrique méridionale (4 millions d'hab.; 2 h. par kilom. car.), où domine l'élément anglais. Elles n'ont encore qu'une population dérisoire relativement à leur étendue, et l'exploitation de leurs richesses naturelles est à peine commencée, de sorte qu'il est difficile de prévoir où s'arrêtera leur développement. Si elles se séparent un jour de la mère patrie, pour se constituer en confédérations autonomes, comme il semble assez naturel, il est à prévoir que la séparation se fera à l'amiable et que des liens étroits d'affection et de bon vouloir continueront d'exister durant longtemps entre la mère et ses filles émancipées.

7. Grands États moins considérables. Les autres grands États de l'Europe, *Allemagne, Autriche-Hongrie, France* et *Italie,* semblent bien mesquins à côté des puissances colossales que nous venons de passer en revue; ils ont pourtant joué un rôle plus brillant, et, encore aujourd'hui, la **France** et l'**Allemagne**, par leur valeur intellectuelle, industrielle, commerciale et militaire, se placent en tête des peuples les plus puissants.

Ces deux États sont à peu près égaux au point de vue de l'étendue territoriale (Allemagne, 540000 kilom. car.; France, 528000), du développement du commerce extérieur (France, 9 milliards; Allemagne, 9200 millions) et de l'industrie, l'Allemagne produisant une quantité plus grande, et la France compensant cette infériorité par la qualité supérieure de ses produits manufacturés. — Pour la population, l'Allemagne, avec 50 millions d'habitants, a déjà une avance considérable sur la France (38 millions); et, ce qui est le plus fâcheux, la différence ne peut manquer de s'accroître rapidement à son profit; car, malgré le chiffre élevé de ses émigrants (100000 par an), elle gagne annuellement un demi-million d'hommes, par suite de l'excédent des naissances sur les décès, tandis que la population française reste stationnaire et tend même à diminuer, par suite du nombre de moins en moins considérable des naissances. — Les colonies des deux pays diffèrent peu en étendue (France, 2920000 kil. c.; Allemagne, 2400000), mais elles ne sont comparables ni pour la population (colonies françaises, 33 millions; allemandes, 4 millions), ni pour la valeur économique : les possessions allemandes, de formation toute récente et sans organisation sérieuse, ne peuvent être mises en parallèle avec l'Algérie et l'Indo-Chine, pour ne parler que des deux principales colonies françaises. — L'Allemagne est un État nouveau, et formé d'éléments divers que le temps n'a point encore parfaitement soudés ensemble. La vieille France, au contraire, constitue un tout bien homogène; de plus, elle a derrière elle un long passé de gloire, dont le souvenir, toujours vivant en dépit de ses fautes et de ses revers, est un des plus solides appuis de son influence dans le monde.

8. — L'**Autriche** (625000 kil. car., 41 millions d'hab.), plus étendue que l'Allemagne et plus peuplée que la France, est bien inférieure à ces deux États, sous tous les rapports. Elle a le malheur de se composer de vingt peuples, ennemis acharnés les uns des autres, et d'être dévorée par la lèpre juive. Les embarras politiques et financiers qui la paralysent depuis longtemps pourraient bien finir par amener sa dislocation.

L'Italie (286 000 kilom. car., 30 millions d'hab.), la dernière des grandes puissances européennes pour l'étendue et la population, n'était encore au milieu du siècle qu'une simple expression géographique. Transformée tout d'un coup en État considérable, elle aspire à faire grand, entretient une armée nombreuse, construit de formidables cuirassés; mais ses populations, écrasées d'impôts, sont réduites à la misère; l'industrie existe à peine, l'agriculture est aux abois et le commerce languit.

L'Empire turc (4 129 000 kilom. car., 33 millions d'habitants), en pleine décadence, ne peut prendre place sur la liste des grands États que pour la vaste étendue de son domaine, à moins qu'on ne préfère l'y mettre à titre de souvenir.

Trois États américains, le **Brésil** (8 337 000 kilom. car., 14 millions d'hab.), l'**Argentine** (2 789 000 kilom. car., 4 millions d'hab.) et le **Mexique** (1 946 000 kilom. car., 11 millions d'hab.), doivent y figurer à titre d'espérance; leur population est encore minime, mais elle s'accroît assez rapidement, et les immenses espaces dont ils disposent pourront nourrir un jour des centaines de millions d'hommes.

§ II. — RELATIONS ENTRE LES CINQ PARTIES DU MONDE

9. — **L'Europe,** petite en étendue, mais puissante par sa civilisation, est la tête et le cœur du monde moderne. Elle le domine par l'ascendant de ses idées, par la supériorité de ses œuvres intellectuelles, artistiques et industrielles, par l'activité de son commerce et par la force de ses armes. Les trois quarts de la terre habitée sont possédés par des peuples européens; ils occupent l'Amérique, se sont partagé l'Afrique et l'Océanie, et règnent sur plus de la moitié de l'Asie. Là même où ils n'ont pas assis directement leur domination, en Chine, au Japon, dans l'Asie occidentale, ils exercent une grande influence par leurs missionnaires, leurs commerçants et leurs diplomates. — La vapeur, en rapprochant les nations, les a rendues de plus en plus solidaires les unes des autres; mais c'est par l'intermédiaire presque exclusif de l'Europe que se font les échanges entre les diverses parties du monde. Ce sont les pays manufacturiers du nord-ouest européen, Angleterre, France, Allemagne, Belgique, etc., qui sont le principal foyer d'appel du **commerce universel**. Là affluent de tous les coins de la terre les MATIÈRES PREMIÈRES, *coton, soie, laine, peaux, minerais* et *métaux bruts*, etc., destinés à alimenter d'innombrables usines; de là s'expédient, sur tous les points du globe, une foule d'OBJETS MANUFACTURÉS, *tissus* de toute sorte, *vêtements, articles de mode, d'ameublement, de librairie, d'orfèvrerie, de quincaillerie, objets d'art, machines, armes*, etc., et une petite quantité d'objets alimentaires, *vins* et *spiritueux, sucre raffiné*, etc. Outre les matières premières nécessaires à l'industrie, l'Europe demande encore aux autres parties du monde des SUBSTANCES ALIMENTAIRES, *grains* et *farines, café, thé, sucre*, et autres *denrées coloniales, fruits*, etc.

10. L'**Asie** fournit à l'Europe : MATIÈRES PREMIÈRES : l'*or*, l'*argent* et le *platine* de la Sibérie, le *cuivre* du Japon, la *soie* de la Chine, du Japon, de l'Indochine, de l'Inde, du Caucase, de la Perse et de la Turquie; le *coton* de l'Inde et du Turkestan, le *duvet* et la *laine* des chèvres de Cachemire et du Thibet, les *fourrures* de la Sibérie, l'*indigo* et autres drogues tinctoriales de l'Inde, le *diamant* et les *pierres précieuses* de l'Inde et de Ceylan, les *perles* de l'Inde, de Ceylan et de l'Arabie, la *gomme* et l'*encens* de l'Arabie et de la Perse, le *musc* du Thibet, le *pétrole* du Caucase; — SUBSTANCES ALIMENTAIRES : le *thé* et le *riz* de la Chine, du Japon, de l'Indochine et de l'Inde, le *blé* de l'Inde, les *fruits* de la Perse et de la Turquie d'Asie; —

quelques PRODUITS MANUFACTURÉS : *soieries, ivoires sculptés, papier, porcelaine* de la Chine et du Japon, *tapis* de Smyrne et de Perse. — L'*opium*, récolté dans la Turquie d'Asie, l'Inde et la Chine, est, en majeure partie, consommé dans ce dernier pays.

L'Afrique fournit à l'Europe : MATIÈRES PREMIÈRES : les *marbres* et les *minerais de fer* de l'Algérie, le *coton* de l'Égypte, les *laines* et les *peaux* du Cap, l'*ivoire* du Soudan et du plateau austral, les *diamants* du Cap, l'*or* du Transvaal et de la Guinée, l'*alfa* de l'Algérie et de la Tripolitaine, les *gommes* de la Sénégambie et du Soudan, la *cochenille* des Canaries, l'*huile de palme* et les *arachides* de la côte occidentale, le *caoutchouc* et l'*orseille* du plateau austral; — SUBSTANCES ALIMENTAIRES : les *vins* des Canaries, de Madère, d'Algérie, les *céréales* d'Algérie et d'Égypte, l'*huile d'olive* de la Tunisie, les *moutons*, les *fruits* et les *primeurs* de l'Algérie, le *sucre*, le *rhum*, le *café*, la *vanille* des îles Mascareignes. — L'Afrique, qui a fourni, dans le cours des trois derniers siècles, tant de millions d'*esclaves* aux plantations du nouveau monde, continue encore, malgré toutes les croisières, à en envoyer aux pays musulmans de l'Asie occidentale.

11. **L'Amérique** fournit à l'Europe : MATIÈRES PREMIÈRES : l'*or* et l'*argent* de la Californie, du Mexique, de l'Amérique centrale, du Pérou, du Chili, de la Bolivie, etc., les *diamants* du Brésil, le *cuivre* des États-Unis, du Pérou et du Chili, le *salpêtre* du Chili, le *guano* du Pérou et du Chili, le *pétrole* des États-Unis, le *caoutchouc*, les *bois de teinture et d'ébénisterie* de la région intertropicale, le *coton* des États-Unis, les *laines* et *peaux brutes* de la Plata, les *fourrures* et les *bois* de Canada, la *cochenille* du Mexique et des Antilles; — SUBSTANCES ALIMENTAIRES : les *céréales* et les *farines* des États-Unis et du Chili, le *sucre*, le *rhum* et le *café* des Antilles et du Brésil, le *cacao*, le *quinquina* et de nombreuses *drogues médicinales* de la région intertropicale, les *conserves de viande* des États-Unis, les *moutons* et les *bœufs* de l'Argentine, etc.

L'Océanie fournit à l'Europe : MATIÈRES PREMIÈRES :

l'*or* et le *cuivre* de l'Australie et de la Nouvelle-Zélande,
l'*étain* de Banca, le *coprah* (noix de coco), la *nacre* et les
perles des îles polynésiennes, les *laines* de l'Australie et de
la Nouvelle-Zélande, l'*indigo* de îles de la Sonde ; — SUBS-
TANCES ALIMENTAIRES : le *café*, le *sucre* et les *épices* des
îles de la Sonde et des Philippines, les *viandes congelées*
de l'Australie et de la Nouvelle-Zélande. A citer encore le
tabac des îles de la Sonde et des Philippines.

§ III. — GRANDES LIGNES DE NAVIGATION
ET DE TÉLÉGRAPHIE.

12. Grandes lignes de navigation à vapeur. —
Les principaux ports du monde sont rattachés les uns aux
autres par des lignes de navigation à services réguliers. Les
paquebots qui desservent ces lignes sont généralement
aménagés avec un grand confortable ; ils ont une marche
rapide (en moyenne, 8 à 12 nœuds à l'heure, soit 375
à 550 kilomètres par jour, et même davantage) ; départs et
arrivées ont lieu à jours fixes, à moins d'accidents extraordinaires.

Les principales lignes de paquebots sont les suivantes :

D'Europe en Amérique, les **lignes anglaises** de
Glasgow et Liverpool à Québec (été), à Halifax (hiver) ;
de Queenstown, Cork, Liverpool et Londres, à New-York ;
de Liverpool à Philadelphie, la Nouvelle-Orléans, Kings-
town (Jamaïque), Georgetown (Guyane) ; de Londres,
Liverpool et Southampton à Rio-de-Janeiro, Montevideo et
Buenos-Ayres ; — les **lignes françaises** du Havre à
New-York (7 à 8 jours) ; de Saint-Nazaire aux Antilles,
à Colon (22 jours) ; à la Vera-Cruz ; de Bordeaux et Mar-
seille à Buénos-Ayres (25 jours), par Dakar (Sénégal) et
Rio-de-Janeiro ; — les **lignes allemandes** de Hambourg à Québec, Halifax, New-York, Charlotte-Amélie
(Saint-Thomas), Para (Brésil), Rio-de-Janeiro et Buenos-
Ayres ; de Brême à New-York, Baltimore, Buenos-Ayres ;

— les *lignes de Lisbonne* à Rio-de-Janeiro; — dé *Gênes* à Rio-de-Janeiro et à Buenos-Ayres.

13. — **D'Europe en Afrique, les lignes anglaises** de Liverpool à Saint-Paul de Loanda, par Madère, Ténériffe, Bathurst, Lagos, etc.; de Plymouth au Cap; de Plymouth à Port-Louis, par Suez, Zanzibar, Tamatave; — les **lignes françaises** de Bordeaux au Sénégal; de Bordeaux et de Marseille alternativement, à Libreville (Gabon), par Dakar, Konakry et les escales du golfe de Guinée; de Marseille en Algérie, en Tunisie, en Égypte; à la Réunion, par Suez, Obock, Zanzibar et Tamatave; — les **lignes allemandes** de Hambourg à Banana (Congo) et aux ports de la côte occidentale.

D'Europe aux ports de l'Inde et de l'Extrême-Orient par le canal de Suez (4 200 vapeurs ont transité par le canal en 1891), les **lignes anglaises** de Londres, Liverpool, Southampton, Plymouth, etc., à Aden, Bombay, Colombo, Calcutta, Rangoun, Singapour, Hong-Kong, Canton, Chang-Haï et Yokohama; les **lignes françaises** de Marseille à Chang-Haï (35 jours) et à Yokohama (40 jours), par Aden (12 jours), Colombo (19 jours), Singapour (25 jours), Saïgon (27 jours), Hong-Kong (31 jours); de Marseille à Calcutta, par Pondichéry et Madras; de Marseille à Manille; — les **lignes allemandes** de Hambourg en Chine et au Japon; — les lignes hollandaises d'Amsterdam et de Rotterdam à Batavia.

14. D'Europe en Océanie, les lignes anglaises de Liverpool, Plymouth, Queenstown et Londres à Adélaïde, Melbourne et Sydney (38 jours), par le canal de Suez; — la **ligne française** de Marseille à Nouméa (Nouvelle-Calédonie), par Suez, Mahé (Seychelles), Adélaïde, Melbourne et Sydney; durée du trajet, 42 jours; — la **ligne allemande** de Hambourg aux îles Samoa, par Sydney.

D'Amérique en Océanie, la ligne de San-Francisco à Auckland (25 jours), par Honolulu (9 jours); — d'**Amérique en Asie**, la ligne de San-Francisco à Yokohama (22 jours) et la ligne anglaise de Vancouver au Japon et en Chine, qui est la plus courte.

15. Grandes lignes télégraphiques. — Tous les États civilisés et leurs possessions coloniales sont pourvus d'un réseau plus ou moins complet de télégraphes. La télégraphie terrestre a été heureusement complétée par les câbles sous-marins, qui unissent télégraphiquement les pays que la mer sépare. Les principales lignes de télégraphie sous-marine sont :

1º Les *lignes anglaises* de l'Irlande à la Nouvelle-Écosse, par Terre-Neuve ; — les *lignes françaises* de Brest aux États-Unis, par l'île Saint-Pierre.

2º La *ligne portugaise* de Lisbonne à Buenos-Ayres, par les îles du Cap-Vert, Pernambouc et Rio-de-Janeiro ; un embranchement part des Canaries, touche à divers points de la côte d'Afrique et aboutit au Cap ; un autre suit la côte du Brésil septentrional et des Guyanes et la chaîne des Antilles, et va rejoindre les lignes américaines de la Floride.

3º La *grande ligne anglaise* de Falmouth à Nelson (Nouvelle-Zélande), par Lisbonne, Gibraltar, Malte, Suez, Aden, Bombay, Madras (Hindoustan), Pinang, Singapour, Batavia, Port-Darwin, Adélaïde, Melbourne et Sydney (Australie). A cette ligne principale viennent se souder plusieurs autres câbles ; l'un va de Singapour rejoindre les lignes russes de la Sibérie orientale par Saïgon, Hong-Kong, Chang-Haï, Nagazaki et Vladivostock ; un autre se dirige d'Aden sur l'Afrique méridionale par Zanzibar, Mozambique, Sofala, la baie Delagoa et Durban, d'où il se continue par des lignes terrestres jusqu'au Cap.

16. Union postale universelle. — Pour favoriser les relations internationales en assurant un service régulier et en diminuant les frais d'expédition des lettres et des imprimés, une Union postale universelle a été fondée par un traité conclu à Berne, en 1874. Elle comprend à peu près tous les pays civilisés du globe : l'Europe et l'Amérique en entier ; en Asie, les colonies européennes, la Perse, Siam, le Japon ; en Afrique, les colonies européennes, la république de Libéria et l'État du Congo ; en Océanie, les colonies européennes et l'archipel hawaïen. L'étendue des pays qu'elle dessert est de 96 millions de kilom. car. Les 920 millions d'hommes qui les peuplent peuvent échanger des lettres et envoyer des fonds d'un bout du monde à l'autre pour des prix extrêmement minimes. Les 300 millions de mandats délivrés dans les bureaux de l'Union postale, en 1891, atteignaient une valeur totale de 15900 millions de francs.

§ IV. — RÉPARTITION DES RACES

17. Trois types fondamentaux. — Type blanc. —
Les 1500 millions d'hommes environ qui peuplent actuellement la terre se groupent autour de trois types principaux :
le *type blanc*, le *type jaune* et le *type noir*. Les caractères
qui servent à classer une race dans l'un ou dans l'autre de
ces types sont, en premier lieu, la forme des os du crâne
et de la face, puis la couleur de la peau, et enfin la nature
du système pileux. Quant aux différences de taille qui
existent entre les diverses races, elles sont renfermées dans
des limites beaucoup plus étroites qu'on ne le croit généralement ; ainsi, entre les Boschimans (1 m. 37, en moyenne),
qui sont les plus petits hommes du monde, et les Patagons
(1 m. 72), qui passent pour les plus grands, il n'y a qu'une
différence de 35 centimètres.

Les races appartenant au type blanc se font remarquer par
la beauté de l'ovale que forme la tête et par la position
horizontale des yeux ; elles ont des cheveux longs et soyeux,
une barbe bien fournie et la peau blanche, au moins dans
les climats tempérés. Ce sont elles qui marchent, depuis les
temps historiques, à la tête de la civilisation et du progrès.
— Le type blanc comprend : 1° la *race indo-européenne*
ou *caucasique* (Hindous, Afghans, Persans, Slaves, Ger-
mains, Anglo-Saxons, Latins et Grecs), originaire de
l'Asie centrale ; elle peuple l'Inde, l'Iran, l'Europe, l'Amérique et les colonies de l'Australie, de la Nouvelle-Zélande
et de l'Afrique méridionale ; 2° la *race sémitique* (Juifs,
Arabes, etc.), répandue en Arabie, dans l'Afrique septentrionale, et dans le monde entier par les colonies juives ; —
3° enfin diverses *races, sorties originairement de nations
appartenant au type jaune*, mais modifiées par le climat
(Basques, Magyars ou Hongrois).

18. Type jaune. — Le type jaune a pour caractères
distinctifs un visage élargi au milieu par des pommettes
saillantes, resserré par le haut en un front fuyant, un

nez large et épaté, des yeux petits, bridés, et relevés du côté de l'angle externe, des cheveux rudes, grossiers et droits; la couleur de la peau varie du jaune au brun et au rouge cuivré. Quelques peuples de race jaune, comme les Chinois, ont une civilisation très ancienne; mais ils sont restés stationnaires depuis des siècles, et n'ont eu aucune influence sur le développement intellectuel et moral de l'humanité. — Les principales races appartenant au type jaune sont : la *race finnoise* (Lapons, Finlandais, Samoyèdes, Ostiaks, Esquimaux), confinée dans les plus froides régions de l'hémisphère boréal; 2º la *race tartare* ou *mongole* (Turcs, Turcomans, Tartares, Mongols, Mandchoux, Kirghiz, Bachkirs), cantonnée principalement dans les steppes de l'Asie moyenne et de la Russie orientale; — la *race chinoise* (Chinois, Coréens, Japonais, Thibétains, Annamites, Siamois), groupés au centre et au sud-est de l'Asie; — 4ᵉ la *race malaie* (Malais, Kanaks de la Polynésie, et Hovas de Madagascar), qui a peuplé la Malaisie et les archipels de la Polynésie; — enfin, 5º les *races américaines* (Peaux-Rouges, Aztèques, Toltèques, Quichuas, Guaranis, Patagons et Fuégiens), répandues dans les deux Amériques, depuis l'Océan glacial arctique jusqu'à la Terre-de-Feu.

19. Type noir. — Les caractères les plus remarquables du type noir sont : un front déprimé et arrondi, des mâchoires saillantes, de grosses lèvres, des cheveux laineux et crépus et une peau plus ou moins noire. — Livrés à eux-mêmes, les nègres n'ont produit aucun monument artistique ou littéraire et ne sont pas sortis de la barbarie. — Les principales races appartenant à ce type sont : la *race nègre proprement dite* ou *nigritienne*, qui peuple le Soudan, la Guinée et la Sénégambie; — la race *bantoue* ou *cafre*, assez intelligente et laborieuse, au teint plutôt brun ou cuivré que noir; elle habite l'immense plateau triangulaire de l'Afrique australe; — les *Hottentots* et les *Boschimans* de l'Afrique sud-occidentale, les *Malgaches* de Madagascar, les nègres de la Mélanésie, les *négritos* de la Malaisie; — enfin, la *race éthiopienne* (Gallas, Abyssins,

Nyams-Nyams, Nubiens, Coptes d'Égypte, Peuls ou Fella-
thas du Soudan, Berbères de l'Atlas), dispersée depuis les
bords de la mer Rouge jusqu'aux rivages de la Méditerranée et de l'Atlantique. Cette dernière race se rapproche
assez du type blanc pour que certains auteurs y aient vu un
rameau de la race sémitique.

FIN

TABLE DES MATIÈRES

ASIE

GÉOGRAPHIE PHYSIQUE

GÉOGRAPHIE POLITIQUE

GÉOGRAPHIE ÉCONOMIQUE

AFRIQUE

GÉOGRAPHIE PHYSIQUE

OCÉANIE

ÉTUDES D'ENSEMBLE

SUR LES CINQ PARTIES DU MONDE

.

24875. — Tours, impr. Mame.